£3·50 SS WK32

Frontiere Einaudi

www.einaudi.it

ISBN 978-88-06-24261-9

Fuani Marino

Svegliami a mezzanotte

Einaudi

Svegliami a mezzanotte

A Lyrica,
e a quanti hanno attraversato la notte

Caduta

Sono un po' pazzo, certo, ma sono anche abbastanza
sano da raccontartelo in modo tranquillo.

THE SCHOOL OF LIFE

Era metà pomeriggio e Nuccia, la signora del secondo
piano, preparava la cena davanti al suo sceneggiato tv. Malgrado fosse la replica di un episodio già visto, le voci familiari dei personaggi le facevano compagnia. Sperava che
i figli tornassero presto dalla spiaggia, distogliendola dalla
noia. Da quando anche il marito era andato in pensione,
dopo quarant'anni al provveditorato agli studi della città,
si muoveva per casa come un animale in gabbia rendendo-
le per la prima volta ingrato il ruolo di casalinga. Mentre
pensava tutto questo, alzò lo sguardo dalla grossa ciotola
in cui mescolava l'insalata di riso, facendolo rimbalzare dal
televisore venti pollici appoggiato sulla credenza all'orolo-
gio appeso poco sopra ma piú verso sinistra, quasi a metà
strada dalla porta finestra che dava sul balcone, quando vide cadere un sacco nero dall'alto.

Le connessioni nervose del suo cervello non fecero in tempo a chiedersi se fosse davvero un sacco della spazzatura, e
chi, fra i condomini, avesse osato lanciarlo dal terzo o dal
quarto piano, o addirittura dal tetto di quell'anonima palaz-
zina di recente costruzione, in cui avevano acquistato il loro
appartamento con un mutuo ventennale contratto dal marito al tasso d'interesse del due per cento, che arrivò il tonfo,
sordo, dovuto allo schianto sull'asfalto. Il rumore fu forte,
chiaro segnale di qualcosa che non doveva succedere e che
invece era appena successo, e quel qualcosa adesso si trovava lí, sul marciapiede di una stradina nella zona collinare di
Pescara, Abruzzo, Italia centrale. Sentí dall'altra stanza il
marito chiedere: Cos'è stato? E allora Nuccia oltrepassò la
porta finestra, aperta, per affacciarsi al balcone, ma vide sotto

di sé solo le teste degli inquilini del primo piano che si erano
già sporti, e poi qualcuno dire oddio, e ancora passi concitati per le scale del palazzo e nell'androne e un capannello di
persone che le impediva la vista.

E poi finalmente vide.

Quel sacco nero ero io.

Il mio corpo, fasciato da leggings e maglietta scuri, com-
plice la velocità nel volo di dodici metri, le era sembrato un
sacco della spazzatura. Non so dire quale forma abbiano assunto gli arti nella caduta, se aperti e ciondolanti, oppure
contratti e rannicchiati.

La dinamica dell'impatto mi sfugge, e hanno fatto sí
che mi restasse ignota. Posso solo dedurla, in base alle le-
sioni riportate. Immaginarla a partire dall'ultima cosa che
ricordo, ovvero che volevo morire. Morire era il mio ultimo desiderio.

Da mesi valutavo le altezze in cerca di un punto da cui
buttarmi. Avevo cercato un'abitazione la cui distanza dal
suolo fosse sufficiente (ma non abbastanza, evidentemente)
a garantirmi la morte: mi trovavo in vacanza nella cittadina
balneare in cui vive la famiglia di mia madre, e la casa a due
piani di mia nonna non era adatta allo scopo. Cosí, un pomeriggio dopo il mare, finsi di voler accompagnare una delle mie
molte zie, quella a cui ero piú legata, nel suo appartamento
al quarto piano. Una volta arrivate, proprio come avevo pre-
visto, lei andò a farsi una doccia e io ne approfittai: mentre
era chiusa in bagno a insaponarsi sono uscita sul balcone.
Mi sono affacciata guardandomi intorno per poi voltarmi:
il mio bacino toccava la ringhiera, credo di essermici seduta; sentivo il vuoto oltre le mie spalle. Le Birkenstock che
portavo sono scivolate dalle piante dei miei piedi al pavimento.

Ero arrivata fin lí, a un passo dall'obiettivo. Non era
la prima volta che ci pensavo: solo qualche settimana pri-

ma ero in quella stessa posizione. Ma adesso, a differenza di allora, non c'era niente a fermarmi. La paura di quanto poteva accadermi non superava quella di quanto mi era già accaduto. Allora ho preso coraggio e mi sono buttata.

Non posso dire che il volo sia stato breve. Ricordo perfettamente la vertigine, la forza di gravità che da concetto astratto diventa sensazione. Ho pensato che ci sarebbe voluto poco, che era questione di attimi: poi sarei morta. Era come se volessi confortarmi, come se una parte di me mi dicesse di non avere paura. A differenza di quanto si crede, non mi è sfilata davanti tutta la vita, non l'ho vista, era come se non ci fosse mai stata. C'ero solo io che precipitavo perché volevo farlo, perché quel volo era un mezzo per raggiungere la fine, mi sono detta questo: Sta per finire.

E poi sono caduta, ma non sono morta.

Sono invece rimasta cosciente durante il volo e anche subito dopo, ho sentito qualcuno urlare e voci familiari vicine a me. Ho sentito tutto meno che il dolore.

Mentre ero ancora per terra, immobile, e prima che i sanitari mi portassero via a sirene spiegate, mia zia si chinò su di me e disse: Non ci pensare nemmeno.

Sembrava una minaccia, e in effetti lo era.

Nuccia era ancora sul balcone, quando ai suoi piedi, per terra, vide il fermaglio sfuggito ai miei capelli durante il volo. Allora si portò le mani alla bocca, le sue mani grassocce. Immobile in questa posa plastica, ha scorto in basso, sulla strada, il cranio dai capelli radi di suo marito, che nel frattempo era sceso. Lei no. È rimasta a guardare e a sentire.

Ma che è successo? Da dove è caduta? Mia zia in accappatoio china sul corpo, l'insegnante del quarto piano, coi capelli bagnati che grida: Chiamate un'ambulanza.

Avevo gli occhi chiusi, credo, perché non vedevo ma sentivo, ero presente. Mia zia allora deve aver telefonato alla sorella, non mia madre, però, un'altra, e quando ha risposto le ha detto: È successa una cosa troppo brutta. Poi è stata la volta degli infermieri, che mi chiedevano se riuscivo a sentirli, come mi chiamavo, se ero caduta, se mi ero buttata. Presumo di aver risposto alle loro domande solo con dei mugugni o dei monosillabi. Anche una volta arrivata in ospedale, le domande non sono finite. Piú che domande, erano considerazioni. Credo mi abbiano tagliato i vestiti, indossavo una maglia che avevo comprato in un mercatino, e sotto un costume intero bianco e blu, regalatomi da un'amica. Sentii una voce femminile dire che ero bella, qualcosa come che bella ragazza, ma non sembrava un complimento: era una voce affranta, addolorata per le condizioni in cui ero ridotta. Mi fecero dei raggi, qualche esame che mi risultò fastidioso; sentivo molte mani addosso, ma il mio corpo era diventato qualcosa di estraneo, altro da me.

Come raccontano le oltre mille pagine della cartella clinica – due grossi faldoni che ancora oggi conservo nella libreria di casa – per i successivi mesi sarei rimasta inchiodata a un letto. All'altezza dei fianchi, il mio bacino era trafitto in quattro punti da un fissatore esterno che gli avrebbe permesso di tornare integro dopo la rottura causata dall'impatto. Fissatori esterni erano stati applicati anche al polso e all'omero destro, poi alla tibia sinistra, mentre un filo di Kirschner, sempre a sinistra, sanava la clavicola la cui frattura scomposta aveva causato lo stiramento e la parziale rottura del plesso brachiale: la rete nervosa preposta all'innervazione, sia sensitiva che motoria, dell'arto superiore, che controlla i muscoli di spalla, braccio, gomito, polso e mano. Al braccio sinistro, che in seguito sarebbe stato ingessato e operato per la frattura del gomito, e che ho quasi rischiato di perdere a causa di una sindrome compartimentale, avevano dovuto praticare una fasciotomia, come ricorda la cicatrice che lo percorre in tutta la sua lunghezza. L'impatto, inoltre, aveva causato una lesione interna, e per fermare l'emorragia dovettero procedere con una resezione dell'intestino.

Il primo mese di ricovero resta avvolto in una nebbia che me lo rende misterioso e lontano. Solo gradualmente avrei riacquistato la percezione di me stessa. Solo molto lentamente – prodigiosi meccanismi di difesa – e via via che la processione di visite mi vedeva piú interattiva e presente, avrei capito ciò che avevo fatto. Non che avessi mai dimenticato il mio gesto: come ho già detto, fui cosciente quasi per tutto il tempo, fatta eccezione per le anestesie necessarie ai primi interventi e i momenti di confusione, o «di viaggio», come li avrei chiamati successivamente.

Del reparto di rianimazione ricordo la sete, il bip delle macchine e l'affanno dei respiratori. La sensazione che accanto a me qualcuno stesse per morire, sempre. Ma conservo solo ricordi molto vaghi: fluttuavo in un mare di morfina. Mi dava sollievo essere lavata dagli infermieri. Spugne sulla pelle e traverse. Provarono a darmi da bere, vomitai. Da quel momento e per il mese seguente, niente piú acqua: l'idratazione avveniva per via endovenosa, come l'alimentazione, del resto – avevo un sondino nel collo di cui ancora oggi, dopo piú di sei anni, posso intravedere il segno. I familiari al mio capezzale, vedevo i loro occhi, il resto del viso nascosto dalla mascherina. Sentivo le loro parole: Perché l'hai fatto? Sei la mia vita. Cose cosí. Mi inumidivano le labbra con una garza bagnata. Riprendere coscienza del mio corpo, fino ad allora anestetizzato e alieno, non fu un piacere. Percepivo i liquidi che vi si iniettavano e quelli che ricacciava fuori, i tubi, i fissatori esterni, le funzioni compromesse.

Confondendo sogno e realtà ero irrequieta, nonché convinta di potermi alzare. In seguito alle allucinazioni sempre piú frequenti, diminuirono il dosaggio della morfina e per reazione presi ad agitare le gambe tanto che dovettero legarmele al letto.

Era agosto inoltrato, ormai, e mi dichiararono fuori pericolo. A settembre ci sarebbero stati due matrimoni di amici, e ancora m'illudevo di poterci andare, in qualche modo. Ero consapevole di quanto avevo fatto? Sí. Ma non me ne rammaricavo.

In ospedale faceva un caldo schifoso. Una volta tolto il camice mi vestivano con delle canottiere tagliate sulla schiena, in modo da potermele infilare malgrado le protesi e la ridotta mobilità. Avevo il catetere e portavo il pannolone, un groviglio di fili, bende e tubicini per le flebo che mi tenevano in vita.

Mi accorsi che l'aspetto di mia madre era trasandato: veniva a trovarmi senza truccarsi, cosa eccezionale per lei, e mi accudiva tetra e silenziosa. Le dissi chiaramente che se davvero fossi morta, avrebbe potuto portare il lutto mostrandosi cosí, ma dal momento che ero ancora viva, purtroppo o per fortuna, non era il caso di lasciarsi andare.

Ho tentato di uccidermi il 26 luglio 2012, avevo da poco compiuto trentadue anni e da neppure quattro mesi partorito la mia prima e unica figlia, Greta.

Ricordo solo vagamente il giorno in cui per la prima volta mi portarono in visita la bambina, grazie a un permesso speciale accordatoci dal primario. Entrò nella stanza con mio marito Riccardo che la teneva nel marsupio, sul davanti, e mi fissava nel suo pagliaccetto a righe bianche e blu. Tutto si potrà dire, meno che la tragedia non fosse annunciata. Nei mesi fra il parto e il tentativo di suicidio la si poteva percepire nelle mie condizioni che non miglioravano malgrado i pellegrinaggi dai vari specialisti. Chiesi piú volte di essere ricoverata, ma non volevano separarmi dalla piccola, mentre io in quel momento non avevo bisogno d'altro. In seguito al mio gesto, la mia famiglia si ritrovò su due piedi con una neonata di quattro mesi da crescere e un'aspirante suicida ricoverata in condizioni critiche. Adesso, non solo avrei dovuto continuare a vivere, ma la mia vita, negli anni a venire, sarebbe stata molto piú complicata. Avrei dovuto imparare di nuovo a camminare, a scrivere, a convivere con un corpo che non era piú lo stesso.

Poi, non so come, il peggio è passato. In un modo o nell'altro ce l'abbiamo fatta. Siamo andati avanti, e la polvere ha finito per posarsi sui nostri ricordi, attutendoli.

Ci sono un prima e un dopo.

Una volta dimessa e tornata a casa sulle mie gambe, dopo piú di quattro mesi, nel dicembre 2012, mi dedicai agli album di fotografie. Cercavo di ricostruire un *continuum* attraverso le immagini, di tessere una trama: io ancora col pancione, e a seguire tutte le tappe obbligate di un qualsiasi percorso di crescita: il primo bagnetto e il primo Natale, scatti mentre fa la pappa, mentre dorme, o quando sorride sul fasciatoio. Un'infanzia serena, con braccia che sorreggono e persone che amano. Un padre, e una madre, presenti. Ma dietro quelle foto c'è uno strappo.

Ci sono un prima e un dopo.

Io che in un vestito giallo spengo le candeline nel giorno del mio compleanno, con una bambina di tre mesi in braccio. Sorrido, sono imbottita di farmaci. Quel giorno ero riuscita ad alzarmi dal letto, con Riccardo avevamo trascorso la giornata in piscina, dove nuotando avevo trovato un po' di sollievo. Ma in ogni caso boccheggiavo. Tornata a casa invitai qualche amica, svogliatamente. Un modo di fare le cose che mi era sempre piú familiare.

Nella foto successiva dell'album non ci sono. Riccardo e Greta sono al mare, è agosto. Un fazzoletto a scacchi bianchi e rosa copre la sua testolina, e mentre loro sono immersi nell'acqua della riva – lui inginocchiato in modo da tenerla in braccio e, allo stesso tempo, sotto la superficie fino alla vita – io sono appena passata dal reparto di rianimazione a quello di chirurgia. Non c'ero a tenerla in braccio, né stavo dietro l'obiettivo per cogliere un'immagine della nostra prima estate a tre. Ero all'ospedale piena di protesi e giunture metalliche, un automa, una donna-robot. Stavo lí stesa, il busto e le braccia violacee, del colore di un unico, enorme livido – sopravvissuta a me stessa, non avevo paura di niente.

Solo successivamente avrei cominciato a vergognarmi perché ero altrove non a causa di un incidente o di un evento di forza maggiore, come avremmo raccontato in giro, ma per mia volontà. Ci sono voluti molti anni di terapia, per capire che in quel letto di ospedale ci ero finita perché qualcosa di terribile mi era accaduto, qualcosa di cui non avevo colpa e che avevo dovuto affrontare.

Una volta acquisita questa consapevolezza, oltre a sentirmi sollevata, e malgrado fossi sempre sulle spine per come gli altri potevano giudicare quanto avevo fatto, cominciai a pensare che raccontare la mia storia fosse allo stesso tempo un dovere e un'opportunità.

Non sono mai piú tornata in quella casa. Mi faceva impressione. Una sera di qualche anno dopo, abbiamo riaccompagnato mia zia in macchina, e mentre sostavamo sotto al suo portone ho guardato dal finestrino la porzione di marciapiede sul quale ero verosimilmente caduta. Avrei voluto che quella parte di crosta terrestre non esistesse piú, poterla depennare dalle mappe: un desiderio stupido, considerando che né quel marciapiede né quella casa erano responsabili di quanto avevo fatto. Quando, qualche anno dopo, mia nonna Elisa è morta, zia Lalà si è trasferita nella sua casa vendendo (con mio grande sollievo) quella da cui mi ero buttata.

Per quel che riguarda il racconto di una vita, credo anch'io, come Mary Gaitskill, che l'immaginazione entri in gioco ogni qual volta si voglia descrivere qualcosa, «anche se quel qualcosa è realmente accaduto».

Nel ricostruire questo delitto contro me stessa, mi appello, infatti, a quanto scritto da Meyer Levin in *Compulsion*:

> diventa difficile, a volte, stabilire con esattezza se non intervenga la mia fantasia, e dove, a colmare i vuoti presenti nella documentazione e nelle rilevazioni personali. In alcuni casi sorgerà la domanda: sarà vero? È davvero accaduto? E la mia risposta è che dev'essere per forza accaduto; e dev'essere accaduto cosí come io lo racconto o in un modo molto simile, altrimenti tutto mi diventa inspiegabile. In ultima analisi, credo si debba concludere che quanto da me raccontato è la realtà per me. Soprattutto quando si ha a che fare con le emozioni, infatti, non esiste una verità circoscritta: la nostra idea di quel che è veramente accaduto non può che provenire da qualcuno, e questa è la realtà che proviene da me.

Il produttore cinematografico Samuel Goldwyn sostiene che nessuno dovrebbe scrivere un'autobiografia se non dopo la propria morte. Vista l'ambiguità del mio caso – di fatto non sono morta, ma avrei voluto esserlo – spero di poter fare eccezione.

Me ne sarei andata senza lasciare una riga. Se non avessi fallito, se fossi morta davvero, nessuna parola di scuse sarebbe rimasta a fare le mie veci. Quando quel pomeriggio, dopo il mare, ho salutato mia madre lasciandole Greta, ho rivolto un ultimo sguardo a entrambe. Loro non sapevano, io sí.

Ma quali circostanze mi hanno condotta su quel balcone? Me lo sono chiesta spesso, inutilmente. Non un'unica causa ma una concatenazione di cause mi hanno fatto desiderare la morte. La mia testa, forse predisposta dalla nascita, ha incontrato situazioni sfavorevoli fino al punto di rottura, molto piú avanti nel tempo. Nella *Trama della vita*, una ricerca condotta su un ampio numero di soggetti, lo psicologo americano Jerome Kagan s'interroga sui fattori genetici e ambientali che determinano il nostro temperamento. Esiste senza dubbio una base ereditaria, ma sono le esperienze acquisite a rivestire un ruolo determinante nel modellare il nostro carattere. E ancora, uno stesso carattere potrà svilupparsi in uno spettro di diverse personalità, sulla base delle condizioni che incontra. Tuttavia, l'ipotesi, pur accreditata, che ereditarietà e ambiente collaborino nell'insorgenza del disagio psichico può risultare fuorviante. In una famiglia con casi pregressi di malattia mentale, infatti, saranno anche più frequenti incuria e abitudini comportamentali che predispongono al disagio e lo reiterano. In questo modo sarà difficile, se non impossibile, stabilire quanta responsabilità attribuire alla genetica e quanta al modo in cui si è cresciuti.

Uno psicoterapeuta che ha vissuto in prima persona l'esperienza della depressione, dedicando allo studio di quest'ultima buona parte della sua ricerca, è Gary Greenberg. In *Storia segreta del male oscuro*, un manifesto a favore del diritto a essere infelici e una denuncia contro l'eccessiva medicalizzazione di ogni stato depressivo, Greenberg cerca di riportare al centro della terapia la storia personale del paziente. La moderna psicoterapia ad approccio cognitivo, quella a cui mi sottopongo, tende oggi a ricostruire la storia del disturbo dal momento dell'insorgenza, mentre non considera altrettanto rilevante la storia remota di chi ne è affetto.

Ma è difficile liberarsi del bambino che siamo stati. La nostra infanzia ci insegue e condiziona. E se non è stata felice, anche dopo molti anni continua a urlare vendetta.

Prima

Ritratto della suicida da giovane

Sono oscura e strana, profondamente strana.

VIRGINIA WOOLF

Mia madre racconta di una bambina difficile. In particolare in quello che riguarda il sonno e l'appetito, due dei criteri principali quando si vuol valutare la «bontà» di un neonato. Nei primi anni di vita non dormivo, o meglio mi svegliavo ripetutamente, come se il mio sonno fosse troppo leggero per protrarsi, o il piú piccolo rumore sempre in grado di svegliarmi. Le difficoltà alimentari, invece, precedettero se possibile lo svezzamento, con il rifiuto assoluto del latte artificiale, che mi venne proposto a piú riprese senza alcun successo. Nei confronti del cibo sono sempre stata molto diffidente, e in parte continuo a esserlo. All'asilo, per la refezione, i miei genitori dovevano supplire e integrare mandando per me qualcosa da casa, in modo da non lasciarmi completamente a digiuno. Verso i sei o sette anni mangiavo ancora pochissimi alimenti, cucinati solo in un determinato modo: pasta in bianco, sottilissime omelette, fettine cotte in padella. Ero e resto molto condizionata dalla presentazione del piatto, come dall'odore; per quanto mia madre s'ingegnasse, l'introduzione di nuovi sapori avveniva quasi sempre quand'ero fuori casa, e non in presenza dei miei genitori: a pranzo da un'amica, oppure a una festa.

Si può dire che il mio svezzamento sia terminato solo in età adulta.

Quando non era ancora una pratica diffusa, mia madre cominciò a somministrarmi succhi di carota e mela ricavati da un estrattore. Quest'abitudine all'avanguardia, dettata dal bisogno di sopperire in qualche modo alla mia pressoché totale inappetenza, ha fatto sí che il suono robotico della centrifuga rieccheggiasse nel nostro appartamento diventando, insieme a quello della macchina da scrivere, la colonna sonora della mia infanzia.

Da alcuni miei atteggiamenti, si può dedurre che fossi una bambina «ad alta reattività»: particolarmente sensibile ai cambiamenti, da neonata inarcavo spesso la schiena, segno di ribellione nel linguaggio infantile.

Dicevano fossi intelligente. Eppure, malgrado la precocità nel linguaggio, nel corso della mia vita scolastica il coro intonato dagli insegnanti era: È dotata, ma non si impegna. In qualsiasi attività mi cimentassi (la scuola, il pianoforte, la danza), e quando ancora la moda dei disturbi dell'attenzione non si era imposta come oggi, a nessuno venne in mente che a frapporsi fra me e la possibilità d'impegnarmi, fra me e i miei risultati, ci fossero delle variabili neurologiche. Mi mandarono a scuola a cinque anni. Prima c'era stato l'asilo, e prima ancora il nido, a un anno d'età. Alle elementari ero brava a leggere, ma c'erano alcune cose che davvero non riuscivo a capire, come la matematica: l'universo numerico era e resta un mistero, per me. Poi c'era la preghiera mattutina, in piedi, malgrado fossimo in una scuola pubblica. Durante l'Ave Maria o il Padre Nostro continuavo a dondolarmi sulle gambe, con grande disappunto della nostra maestra, una zitella piuttosto avanti negli anni, che mi lanciava sguardi al di sopra degli occhiali.

Ero arrivata dopo nove anni di matrimonio e un aborto: mio padre non voleva figli, mia madre sí. Malgrado l'iniziale riluttanza alla paternità, l'idea di unire i loro nomi (Furio e Anita) per crearne un terzo (Fuani) venne a lui.

Nomen omen: forse già chiamarmi cosí rappresentava un destino. Quale? Senz'altro quello di pronunciarli (e maledirli) tutti e tre ogni volta. Ma anche di essere diversa, o di sentirmici, il che non fa molta differenza. Grazie a quel lampo di genio, avrei trascorso la vita a spiegare alla gente perché mi chiamassi cosí, nonché a scandire le singole lettere del nome e a correggerne la pronuncia. Per reazione, non sopportavo i nomi troppo comuni, ma forse avrei voluto essere io a presentarmi come Chiara o Francesca.

Mio padre si chiama Furio, mia madre si chiama Anita. FUrio + ANIta = FUANI. Lo ripetevo a ogni persona nuova come un disco rotto. Almeno fino all'età di sedici anni, quando mio padre, un accanito fumatore all'epoca cinquantaseienne, venne stroncato da un infarto mentre se ne stava nel suo studio, avvolto da una nuvola di fumo e circondato dai suoi libri. A quel punto, mi toccò escogitare subito una nuova formula per spiegare il significato del mio nome. Lo slogan pronunciato fino a quel momento divenne allora piú ellittico: mio padre Furio, mia madre Anita, Fuani. Omettendo i tempi verbali, non sarei stata costretta a dire, nel momento stesso in cui mi presentavo, che uno dei miei genitori era morto.

In ogni caso, non ne potevo piú.

Sono cresciuta nel caos: in casa nostra c'era moltissimo disordine, libri e giornali ovunque. Si può dire che nei primi anni della mia vita io abbia letto molto per osmosi. Rivedo fra le mie piccole mani titoli che mi sembravano evocativi e terribili al tempo stesso: *La sequestrata di Poitiers*; *Infelicità senza desideri*. La prima lettura a restarmi impressa fu *Il diario di Anna Frank*, credo durante le scuole medie.

Ricordo un sentimento paragonabile all'ansia mentre cerco una cartellina per la scuola che non voleva saperne di uscire fuori. Non c'erano riti né regole, e forse per crescere sani servono entrambi. Ma in questo mio racconto a posteriori, ogni dettaglio è destinato ad assumere le sembianze sinistre di un segno premonitore.

Di certo, non ricordo pranzi di famiglia né alberi di Natale. Alla Vigilia mia nonna Elodia friggeva per noi della pasta di pizza in un pentolino annerito, ma non si respirava aria di festa. Era come se ci fosse sempre un'ombra. Oppure una luce troppo forte o troppo bianca che non ci lasciava godere delle cose. Non c'era posto per le convenzioni, in casa nostra, ma loro esistevano lo stesso, oltre la soglia, e l'ignorarle ci si ritorceva contro. Mia madre mi mandò all'asilo con un grembiule a quadretti bianchi e azzurri che era stato di un mio cugino, gettandomi nel ridicolo. Non sapeva che le bambine lo portavano bianco e rosa? Immagino lo sapesse, ma non lo considerava rilevante. Qualche tempo dopo, avrò avuto meno di dieci anni, mi leggeva *Morte a credito* di Céline come favola della buonanotte. Trovava molto divertenti i passi in cui si parlava dei babanetti (ovvero i bambini, nella traduzione fortemente connotata di Giorgio Caproni): me li leggeva ridendo, a volte fino alle lacrime. Oppure c'erano le traduzioni a cui lavorava: *La Fanfarlo* di Baudelaire, *Prologo* di Bernard-Marie Koltès e il *Supplemento alla Psychopathia sexualis* di Caraco: le pile di fogli battuti a macchina e le correzioni col bianchetto, sul tavolo in salotto o sulla sua scrivania, in camera.

Il regno di mio padre, invece, era lo studio, una stanza buia dalle pareti tappezzate di libri dove, sempre avvolto nella sua nuvola di fumo, restava a leggere o a guardare film: *Sussurri e grida* e *Nosferatu*, le cui scene mi impressionavano.

Si odiavano, i miei genitori, o comunque non provavano alcun piacere nello stare insieme. Mi sono nutrita di tensione. O ero solo io a percepirla? Permettetemi di dubitarne.

Nel corso della seconda infanzia sviluppai la tendenza a farmi male. Mi capitava di cadere per distrazione, o durante giochi troppo spericolati. Intorno ai dieci anni mi fratturai un polso sulla spiaggia. Giocavo ad acchiappare un'altra bambina, nell'inseguimento su una panca e da lí su un tavolo sotto uno dei grossi ombrelloni di paglia tipici della riviera adriatica. Nel salire urtai la testa contro la struttura in legno per poi ribaltarmi all'indietro, cadendo con tutto il peso sul polso sinistro. Portai il gesso per un mese. L'estate seguente ero in Trentino, in una casa in montagna alla quale conduceva un ripido sentiero in discesa. Dal cancello, sfrecciavo con la bicicletta in un percorso sempre uguale, che comprendeva il sentiero e si concludeva con un giro intorno alla casa. Mi esercitavo frenando di tanto in tanto lungo la discesa, in modo da non prendere troppa velocità. Piú mi esercitavo, piú mi sentivo sicura, e meno volte frenavo, finché decisi che avrei potuto non frenare affatto, ma al termine della discesa persi il controllo della bici e caddi, urtando violentemente sull'asfalto. In un attimo, la maglietta bianca di Roger Rabbit che indossavo fu piena di sangue: il mio mento era completamente aperto. Mentre correvamo in macchina al pronto soccorso piú vicino, i miei genitori continuavano a chiedermi come avessi fatto a cadere e io tacevo premendo contro la ferita un panno pieno di ghiaccio. Rivoli di acqua mista a sangue mi scivolavano lungo i polsi. All'ospedale misero tre punti, e coi miei continuai a negare di non aver frenato lungo la discesa.

Se io tendevo a mettermi spesso nei guai, mio fratello minore era invece molto tranquillo, direi fin troppo. Io avevo una propensione alla socialità, lui era timido e pauroso: non c'era una persona piú diversa da me.

Mio padre portava in volto i segni dell'acne ed era magrissimo. Quando eravamo bambini accendeva per noi e i nostri amici delle lucine colorate in cucina, dove mangiavamo. Costruí per me una casetta di legno rosso sul terrazzo, e dentro la rivestimmo di un parato a piccoli fiori. Ci regalava ogni tipo di animali: abbiamo avuto cani, gatti, uccellini, quaglie, conigli e galline. Sia la nostra casa che quella delle mie nonne avevano uno spazio esterno. Il giardino gorgogliava, era come se sotto il terreno si animasse un mondo nascosto che m'inviava segnali segreti. Poi c'era il parco, il grande comprensorio in cui vivevamo, dove poter scorrazzare liberamente in bici o sui pattini con gli altri bambini, giocare a campana e a nascondino per ore, mettere le mani nella terra e preparare strani intingoli a base di piante e bacche. Questo avveniva d'estate.

Per forgiare il carattere della bambina indisciplinata che ero, dai sette ai tredici anni mi rinchiusero nell'Accademia napoletana di danza classica, una sorta di servizio militare per bambine e ragazze bene. Da settembre a giugno, i miei pomeriggi erano fatti di riscaldamento alla sbarra e scarpette da punta ripassate nella pece per non scivolare durante un *pas de chat*. C'erano le forcine nei capelli e i body madidi di sudore, i corpi delle ragazze piú grandi sotto la doccia negli spogliatoi. La mia insegnante – pelle diafana e lunghi fili di perle sugli abiti neri – contava i passi e batteva i tempi sulle note di Bach e Čajkovskij. Dopo gli esami di fine anno per l'ammissione al successivo, in cui si riuniva una commissione esterna di ballerini e insegnanti italiani e non, a giugno si teneva il saggio, con intere giornate di prove al Teatro Bellini. Una volta una mia compagna di corso si presentò abbronzata e le fu vietato di partecipare. Fortunatamente, terminate le scuole medie con risultati appena sufficienti, si decise che la danza era un impegno troppo gravoso per renderlo conciliabile con il liceo classico. E ritrovai la mia libertà.

Un mese prima di compiere dodici anni, arrivarono le mestruazioni. Mia madre disse a mio padre: La bambina ha avuto il marchese. Non sapevo cosa fosse, e nel dubbio piansi.

Durante l'estate dei tredici anni, ovvero quella che precedette l'ingresso al ginnasio, sperimentai uno stato d'animo che oggi posso riconoscere come depressione.

Era qualcosa di diverso dalla comune tristezza: assomigliava piú alla perdita di senso.

Allora non potevo capire, ma adesso, alla luce di quanto è accaduto, mi rivedo e tutto mi appare chiarissimo. Io e mio fratello eravamo stati spediti in un campeggio del WWF, non era la prima volta, e c'era con noi un gruppo di ragazzini che conoscevamo. Si trattava di una o due settimane di soggiorno in una specie di ostello di qualche località sperduta, in cui cucinavamo tutti insieme e facevamo escursioni con gli animatori che erano responsabili per noi. Io mi sentivo a disagio, dopo il saggio di danza ero corsa a tagliarmi i capelli (addio chignon, che liberazione!) e non riuscivo a tenerli a bada. Le attività proposte mi annoiavano, cosí mi isolavo dal gruppo e passeggiavo nei boschi in cerca di una radura. Immaginavo di rannicchiarmici dentro e restare lí, finalmente in pace, per sempre.

Al liceo vennero i tempi del walkman e dei diari: scrivevo come un fiume in piena; anche a scuola, durante la lezione, m'inventavo dei personaggi: Desideranda e Suspiria; oppure leggevo Bukowski; in ogni caso ero sempre distratta. Avevo pessimi voti, e in quarto ginnasio venni rimandata a settembre in latino, greco e matematica. Mia madre era disperata: dovette pagare costosissime ripetizioni private per tutta l'estate. Mio padre, invece, mi guardava minaccioso, ma non disse granché: all'epoca non ci parlavamo. Ero sicura che avremmo recuperato il nostro rapporto piú avanti, e forse sarebbe stato davvero cosí, se non fosse morto.

Quanto ai miei risultati scolastici, non riuscivano a interessarmi: gli insegnanti mi prendevano di mira per la mia condotta, e per me la scuola era solo un grande contenitore dove dover trascorrere cinque ore ogni giorno. Era come se non avessi alcuna ambizione. Frequentavo ragazzi piú grandi, conosciuti durante l'occupazione che c'era stata nel novembre del '93, a soli due mesi dall'inizio della scuola. Ero passata dal regime dell'Accademia di danza a un liceo autogestito, con tutto ciò che questo comportava in termini di tempo libero. Si respirava un'aria effervescente, i rappresentanti d'istituto tenevano piccoli comizi durante le assemblee: non capivo minimamente quello che dicevano, ma portavano la kefiah intorno al collo e gli anfibi e mi piacevano. In cortile e fuori dalla scuola si sentivano zaffate d'erba. Cominciai a fumare. Fino ai sedici anni, sono stata strafottente e ribelle. I piercing purtroppo mi erano stati vietati, ma avevo una decina di buchi alle orecchie, un piccolo tatuaggio che un'amica piú grande iscritta all'Accademia di belle arti mi aveva disegnato sulla schiena con l'inchiostro di china, capelli rasati a zero e poi fatti ricrescere. Ero maliziosa, mi piaceva flirtare coi ragazzi delle altre. Mi piace ancora. Io e le mie amiche passavamo le giornate a prendere in giro i nostri compagni, i professori, qualunque essere umano che non fossimo noi.

Ci sentivamo bellissime e spietate. Forse lo eravamo.

Quand'ero piccola, mio padre si riferiva a me chiamandomi *la bambina*. (*La bambina* non mangia, *la bambina* è cresciuta, *la bambina* non s'impegna). Mi comprava vestiti a fiori di Giorgio Kauten. Io li mettevo, ma lui restava di cattivo umore. Non rideva mai, salvo rarissimi casi, il piú delle volte mentre leggeva, da solo. Si occupava di filosofia del diritto, ma non era riuscito a insegnare all'università, come avrebbe voluto, né a ottenere i riconoscimenti che era convinto di meritare, e per questa ragione credo odiasse il mondo intero. Se da piccola m'incuteva soggezione, con quel suo fare ombroso, durante l'adolescenza arrivò a rappresentare per me solo un elemento di disturbo, un ostacolo ai miei movimenti. I nostri rapporti s'inasprirono. Fu per questa ragione, credo, che non riuscii ad addolorarmi davvero quando morí e che, in futuro, non sarei mai andata sulla sua tomba.

Certo, lí per lí fu uno shock. Era la fine di luglio (ancora una volta!), lui doveva essersi sentito male durante la notte, mentre era nello studio in cui, oltre a leggere e a fumare e a guardare film, dormiva pure. Si accorse di non stare bene, tanto da spostarsi in salotto, e sedersi vicino alla finestra aperta, doveva mancargli l'aria, eppure non chiese aiuto. Un particolare, questo, che successivamente mi procurò molta angoscia. L'indomani lo trovò mia madre, chiamò aiuto, aspettò che arrivasse zia Marina (la sorella del defunto) e non appena mi svegliai m'informarono dell'accaduto. Mentre mia madre sbrigava delle formalità, io e la zia ci incamminammo verso casa della nonna (la madre del defunto), dove ci avrebbe raggiunte mio fratello che, all'epoca tredicenne, era al mare con i genitori di un amico. Ricordo il percorso a piedi fra le due case sotto il sole a picco, la sensazione che mi stesse per venire la febbre, la voce di mia madre che si raccomandava di non dire ancora niente a mia nonna, che era cardiopatica, tantomeno a mio fratello. Ricordo la difficoltà di tutte queste cose messe insieme.

Non ci fu un vero funerale, solo una piccola funzione nella cappella del cimitero con le vetrate di alluminio anodizzato. Detestavo gli occhi compassionevoli che si posavano su di noi. Come pure che si provasse pena per la nuova connotazione che la nostra famiglia aveva assunto: una vedova e due orfani. Almeno questi ultimi, considerata la loro giovane età, vennero risparmiati dall'assistere alla sepoltura.

Non era affettuoso, mio padre, solo ogni tanto mi faceva un complimento, cogliendomi alla sprovvista. Non c'è mai stata fra noi quella tenerezza che spesso caratterizza il rapporto fra un padre e una figlia. Avevo sempre paura di disturbarlo, ragion per cui lo facevo il meno possibile. Mi viene in mente una poesia che Sylvia Plath dedica al suo, di padre, perso quando era ancora una bambina. «Ho avuto sempre terrore di *te*», scrive. «Sempre uomo nero che || Con un morso il cuore mi fende. | Avevo dieci anni che seppellirono te. | A venti cercai di morire | E tornare, tornare a te».

C'era stato un periodo in cui mi chiedeva di tirargli via con una pinzetta i primi capelli bianchi che comparivano nelle sue basette. Ci sedevamo sul divano di pelle del suo studio – lo stesso sul quale dormiva – e mi posava la testa in grembo. Credo sia stato il momento di maggiore contatto che abbiamo avuto, fatta eccezione per un paio di volte in cui mi ha picchiata. Cercavo di essere il piú precisa possibile, ma spesso, al posto di quello bianco, tiravo via un piccolo capello nero e temevo se ne accorgesse. Probabilmente se ne accorgeva.

Conservo ancora quella pinzetta.

La mia figura di riferimento era mia madre. Lei, per temperamento o per compensazione, è sempre stata piuttosto conciliante nei miei confronti. Mi viziava, anteponendo i miei bisogni ai suoi, dacché io ricordi ha sempre cercato di assecondarmi. Credo che avesse percepito la mia difficoltà prima che si manifestasse, colto il malessere quand'era ancora latente. Eppure la si è criticata. Se tua figlia va fuori di testa o commette una sciocchezza, il piú delle volte attribuiranno la colpa a te.

In ogni caso, sapeva anche essere dura. Non voleva mi si facessero troppi complimenti: temeva mi montassi la testa, e in generale è sempre stata critica nei confronti del mio corpo, malgrado le somigliassi molto, come pure del modo in cui mi vestivo.

Io respiravo la sua ansia. Era qualcosa di tangibile, cui non sapevo dare un nome, ma che finiva col condizionarmi. Da bambina, nel letto prima di dormire, trattenevo i colpi di tosse per non farla preoccupare.

Mia madre non portò il lutto, e io la imitai. Le nostre vite proseguirono uguali a prima, almeno all'apparenza. L'estate in cui mio padre morí andammo a Parigi, dove era stato inaugurato da poco il parco di Eurodisney. Lí per lí non me ne accorsi (con noi c'erano una mia amica d'infanzia e sua madre) ma fu un viaggio molto triste.

Una volta tornata a scuola, mi aspettavano altri sguardi compassionevoli. Io facevo la dura. Per reazione cominciai a interessarmi ai miei voti; allora non ne ero consapevole, ma credo non volessi dare altri dispiaceri a mia madre. Non volevo essere un peso per lei, che si ritrovava da sola con due figli adolescenti, senza grandi supporti né aiuti economici. In compenso, adesso che non c'era piú mio padre, avevo molta, moltissima libertà. Mi era stato accordato il permesso di fumare qualche sigaretta in camera, a patto che fossero poche. In questo modo, a differenza delle mie compagne, non avevo bisogno di consumare interi pacchetti chiusa in bagno o durante le uscite. Potevo rincasare anche all'alba o passare la notte fuori, a patto di non restare incinta. Per prepararmi piú in fretta la mattina, presi l'abitudine di dormire vestita. Se poi non volevo andare a scuola, non c'era alcun bisogno di marinare e trascorrere l'intera mattinata vagando senza una meta. Insomma, potevo finalmente fare quello che volevo.

Dal momento che ero un anno avanti, ne avrei compiuti diciotto solo a liceo finito, e questo mi avrebbe precluso l'ebbrezza di firmare da sola le giustificazioni. Per l'enorme fiducia che mia madre mi accordava, e il mio talento nel falsificare la sua firma, durante l'ultimo anno ero comunque io a firmare il libretto. Ogni cinque assenze, però, serviva un'ulteriore firma da far apporre in presidenza. Le mie comprovate qualità di falsaria mi fecero ritenere superfluo questo passaggio e, in breve tempo, mezzo liceo mi chiedeva di apporre lo sgorbio con cui il preside era solito siglare. Cosí mia madre venne convocata a scuola e io sospesa qualche giorno per quello che venne definito non una semplice bravata, ma un vero e proprio reato penale. Che esagerazione.

I miei voti, in compenso, miglioravano. Alle versioni di greco avevo capito come copiare, matematica e fisica restavano universi sconosciuti e alieni, biologia e chimica appena piú congeniali. I miei punti di forza erano italiano, filosofia e latino, queste ultime due scelte come materie d'esame alla maturità. Mi piaceva riflettere sulle questioni ontologiche, e i concetti filosofici, anche se astratti, mi restavano impressi e aprivano squarci favorevoli alla mia immaginazione. Schopenhauer, Kierkegaard, Popper, Husserl, Bergson, Marx, Heidegger. Conservo ancora oggi il mio quaderno con gli appunti di allora, era come uno scrigno contenente segreti sul mondo. Studiavo coi pochi altri compagni di classe che avevano scelto filosofia, ci sentivamo superiori agli altri e trascorrevamo lunghi pomeriggi a dibattere di superuomo, sospensione del giudizio, alienazione.

In quel periodo compresi che il mio essere-nel-mondo ambiva alla conquista di un posto confortevole. Lo confidai alla mia migliore amica, che mi guardò allibita. Ma non poteva capire: la differenza fra noi era che lei una posizione confortevole già la occupava, mentre io no.

Avevo amicizie piuttosto simbiotiche. Nei primi anni di liceo, quando l'aria in casa era resa ancora irrespirabile dalla presenza di mio padre, trascorrevo moltissimo tempo da una mia compagna di classe, la cui madre soffriva di depressione. Viveva in vestaglia, e trascorreva le giornate trascinandosi dal letto al divano e dal divano al letto. Non usciva praticamente mai, e le sue uniche attività erano fumare e fare «La Settimana Enigmistica». Intanto, io e le sue figlie stavamo chiuse in bagno, a parlare dei ragazzi che ci piacevano e a fumare spinelli per delle ore. Della spesa, come pure di cucinare, si occupava il marito una volta rientrato dal lavoro. Lei al massimo chiacchierava con noi, ma era come se vivesse su un altro pianeta, non ci chiedeva mai se avevamo fatto i compiti o cose del genere. Come se non la riguardasse. In genere, a ridosso dell'estate, i suoi sintomi peggioravano. Allora il neurologo veniva a casa per visitarla. Era un momento importante, quando veniva il neurologo, lo percepivo anch'io. Ricordo una volta in cui ero rimasta a dormire lí, e stavamo sul balcone a parlàre e a fumare: io, le sue figlie e lei. Mentre raccontava della sua vita cominciò a piangere, era un pianto disperato. M'impressionò che un genitore scoppiasse in lacrime davanti a noi ragazzine, e che ci parlasse di sé senza alcun filtro, mentre le figlie cercavano di consolarla. Erano tutti molto comprensivi con lei; dal mio punto di vista anche troppo. Cadevo nella solita trappola, attribuendole mancanza di volontà. Ai miei occhi ignari, era come se non si impegnasse abbastanza, pensavo che *avrebbe dovuto* smetterla di offrire quello spettacolo pietoso. Non la vedo da anni, né so che fine abbia fatto, ma vorrei chiederle scusa, perché all'epoca non avevo capito che semplicemente *non poteva* smetterla. E prego affinché mia figlia non debba mai vedermi in uno stato del genere, mai, né lei adolescente né le sue amiche: che la cura possa esistere ancora e per sempre, in modo da non farmi perdere di nuovo quel barlume di contegno necessario per vivere.

Anamnesi familiare

Nessuno [...] è in grado di capire un suicidio. Per lo
piú non lo capisce neppure il suicida.

PRIMO LEVI

Ma cosa so delle vite che non sono state la mia, e che in
qualche modo mi appartengono? Numerosi studi continuano
a indicare nella familiarità un criterio predittivo per la malattia mentale. Avere un genitore o un parente con disturbi
psichiatrici non si traduce per forza nello svilupparne a propria volta, quanto piuttosto nella predisposizione a manife-
starne in particolari circostanze.

Quando lessi *La trama del matrimonio* di Jeffrey Eugenides,
mi riconobbi in alcuni tratti di Leonard Bankhead, il personaggio che deve vedersela con gli alti e bassi del suo disturbo
e una terapia col litio difficile da rispettare:

> a quel punto il pessimismo di Leonard aveva subito una tra-
> sformazione. Era diventato piú profondo, piú puro. Aveva
> perso la vena comica, e anziché forma di intrattenimen-
> to era diventato disperazione vera, letale, essenziale. Di
> qualsiasi cosa Leonard, che era sempre stato «depresso»,
> avesse sofferto prima, non era depressione. *Questa* lo era.
> Il noioso monologo recitato da un ragazzo che non si lava-
> va piú e non si alzava piú dal pavimento della sua stanza.
> L'enumerazione monotona dei fallimenti della sua giovane
> vita, fallimenti che secondo lui lo condannavano già a un'e-
> sistenza grama. «Dov'è Leonard?» continuava a chiedere
> al telefono. Dov'era il ragazzo capace di scrivere un saggio
> di venti pagine su Spinoza con la mano sinistra mentre con
> la destra giocava a scacchi? [...] «Dov'è Leonard?» chie-
> deva Leonard. Leonard non lo sapeva.

Come lui, potrei avere anch'io qualche difficoltà a individuare da quale ramo della mia famiglia abbia ereditato l'instabilità mentale. Le possibilità, infatti, sono diverse.

Esistono figli di serie A e figli di serie B: succede in tutte le famiglie. Accade talvolta che i primi diventino secondi e viceversa.

Dei sei fratelli della famiglia di mia madre, lo zio Luigi era senza dubbio il piú bello: alto, con due occhi celesti tanto profondi quanto inattesi. Si chiamava Pierluigi, in realtà, e nacque quinto. Era stato preceduto, in ordine, dalla primogenita Laura, seguita da mia madre Anita e da Lucia, quindi da Duccio, che a causa di alcune complicazioni legate al parto nacque e visse da infermo. Da queste premesse si possono facilmente intuire le alte aspettative che vennero riposte in Luigi. Se mio nonno, ingegnere del genio civile, lo vedeva come una ricompensa per il precedente figlio maschio, mia nonna materna, completamente assorbita dalla cura di quest'ultimo e già un po' avanti negli anni, di Luigi si sarebbe occupata sempre molto poco, delegando buona parte della sua crescita a una domestica e alle sorelle maggiori di lui. In ogni caso, Luigi rappresentava un vanto: soltanto di lui bambino, e di nessuno degli altri fratelli, venne commissionato un ritratto da sempre esposto in sala da pranzo. In sostanza, era il figlio su cui si puntava.

Come avevano già fatto le tre sorelle maggiori, una volta diplomatosi nel liceo classico della città, Luigi lasciò Pescara e andò a studiare fuori. Non Lettere a Firenze come zia Laura, né Lingue a Napoli all'Orientale dove mia madre sarebbe poi rimasta come ricercatrice, tantomeno l'istituto per abilitarsi insegnante di educazione fisica come scelse di fare zia Lucia. Lo zio Luigi s'iscrisse alla facoltà di Giurisprudenza dell'Università di Bologna, dove si trasferí appena diciottenne. Non scelse Ingegneria, quindi, né seguí le orme paterne come forse ci si aspettava da lui. Da questo momento in poi i ricordi delle sorelle diventano discordanti. I primi due o tre anni di studi proseguirono senza intoppi, come raccontano gli ottimi voti del suo libretto universitario. Luigi, però, non era propriamente uno studente modello, ligio e dedito al dovere come era stato mio nonno, o come di fatto erano le sue sorelle. Era vanitoso e un po' spericolato. Spendeva molto per vestirsi alla moda, giubbotti di pelle e pantaloni a zampa, girava in moto e su macchine sportive. Da Bologna andava spesso a ballare spingendosi fino alla riviera romagnola, che negli anni Settanta già ospitava night club e discoteche. Di ritorno in macchina da una di quelle serate, Luigi perse il controllo dell'auto causando la morte di un suo amico e compagno di studi. Un evento drammatico che avrebbe segnato la sua vita di ragazzo. Da quell'incidente e dalle sue conseguenze non si sarebbe ripreso piú, cadendo prima in un episodio depressivo e poi in un vortice fatto di deliri e ricoveri in cliniche psichiatriche, con una diagnosi di schizofrenia che lo avrebbe accompagnato fino alla morte, avvenuta per arresto cardiaco nel 2013, all'età di cinquantaquattro anni. La piú informata sui fatti, a oggi, è mia zia Lavinia, ovvero l'ultimogenita che di Luigi si trovò a doversi occupare, suo malgrado, durante gli anni dell'università e subito dopo. È facile immaginare il dolore che questo figlio ha arrecato ai miei nonni, già provati nello spirito e nel corpo dalla tragedia di Duccio. Nel palazzo attiguo al villino di famiglia, lo stesso in cui risiedeva e risiede tutt'ora anche zia Lucia, acquistarono per Luigi un sottotetto con vista mare, dove avrebbe vissuto fino alla morte, e in cui io, oggi, trascorro parte delle vacanze dopo averlo ristrutturato. Dal momento che Luigi non aveva portato a termine i suoi studi, aprirono per lui a Pescara un negozio di articoli di pelletteria, di cui però finirono per occuparsi sempre gli altri, un po' a turno insieme a una commessa, fino a quando non si decise di venderne la licenza, diversi anni dopo. Durante uno dei numerosi ricoveri in clinica – guarda caso proprio quella in cui sarei finita io – Luigi conobbe Nadia, un'assistente sociale che lavorava nel reparto di psichiatria. Malgrado qualche perplessità da parte dei familiari di entrambi, i due decisero di sposarsi, e si stabilirono nel sottotetto. Sembrava una salvezza, per lui che appariva piú sereno, e anche per i miei familiari, che in Nadia avevano intravisto una persona capace di tenerlo a bada. Ma durò poco, Luigi era provato dalle cure subite (diversi elettroshock e trattamenti sanitari obbligatori, una rocambolesca fuga, scalzo, nella neve, da una delle strutture non ancora abolite dalla legge Basaglia) e da quelle in corso. Si lasciarono, e questo minò ulteriormente le sue condizioni psichiche, insieme alla successiva diagnosi di diabete, che lo costrinse all'assunzione di insulina e a un regime alimentare molto severo. Da bambina, in casa di mia nonna, lo intravidi una volta mentre dormiva nudo nella camera matrimoniale, il suo corpo attorcigliato alle lenzuola. Sapevo che non avrei dovuto guardarlo, ma soprattutto capivo che lui non avrebbe dovuto dormire cosí, in pieno giorno, con la porta socchiusa. Un'altra volta, credo nello stesso periodo, eravamo in giardino, e lui stava in vestaglia, come sempre. Mentre io volteggiavo come sanno fare le bambine, e lui forse provava ad acchiapparmi, la vestaglia ondeggiò e si schiuse lasciando intravedere il sesso. Ma a lui non importava, dava l'impressione di non accorgersene nemmeno.

Molti anni dopo, sempre a casa di mia nonna, e quando lui si era già stabilito nel sottotetto, avrei dormito in quella che era la sua stanza, in una poltrona letto mezza sfondata, dove da ragazza mi sdraiavo all'alba, d'estate, dopo aver trascorso la notte in spiaggia. L'umidità salmastra filtrava attraverso le fessure della pesante serranda di legno. L'indomani, a mezzogiorno, mia madre mi avrebbe lasciato un vassoio con la colazione, spremuta d'uva e un dolce, evitandomi cosí di dover scendere in cucina e incontrare mia nonna. Ma quest'ultima aveva come un radar in grado di intercettare i miei movimenti, cosí me la ritrovavo sempre ai piedi delle scale, che mi guardava con aria di disapprovazione.

I pranzi e le cene in casa di mia nonna Elisa erano un vero e proprio cenacolo dell'orrore. Lei sedeva accanto a Duccio, ricurvo su una sedia in ferro alla quale erano state apposte delle rotelle per renderla trasportabile. Sbavava continuamente, Duccio, e per questo teneva un bavaglio di spugna legato al collo, ed emetteva versi gutturali, e faceva schifo. Mia nonna, fervida credente, si era sempre rifiutata di ricoverarlo accollandosene personalmente la cura, e assoggettando un'intera casa ai suoi bisogni. Per anni se lo caricava sulle spalle per portarlo al piano di sopra, dove dormivano in una camera con due letti gemelli, anche quando mio nonno era ancora vivo. Nonno che, nel frattempo, era quasi diventato cieco, forse per non vedere. Per Duccio c'erano una fisioterapista a domicilio e un'accompagnatrice che lo portava a spasso, ma di tutto il resto si occupava mia nonna, che usciva solo per fare la spesa in bicicletta e per andare a messa, completamente devota alla causa. A tavola, imboccava a turno prima sé e poi lui, come se stessero entrambi espiando una colpa. Mio zio Luigi, intanto, ripeteva sempre le stesse frasi, o recitava delle filastrocche, mentre Remo, l'accompagnatore che guidava l'auto al posto suo, gli faceva l'iniezione d'insulina. Ormai faticava a tenere aperti i suoi occhi celesti, zio Luigi, ed era gonfio, il suo viso come sgualcito, le sue polo quasi sempre macchiate.

Qualche tempo prima della sua morte, lo incrociai nel giardino sul retro, mentre uscivo dalla casa di nonna, ci salutammo e gli chiesi come stesse. Lui rispose: Benino.

La famiglia di mio padre è una leggenda dai dettagli scarni. Quel poco che ne so deriva da racconti frammentati, discordanti e neri. C'erano delle storie sussurrate, non erano piú di un sussurro. Avevano a che fare con soldi persi al tavolo da gioco, amori finiti male, personaggi sopra le righe. E il livore di mio padre non risparmiava nessuno.

Esordio

Si versano piú lacrime per le preghiere esaudite che
per quelle non accolte.

TRUMAN CAPOTE

Durante l'ultimo anno di liceo deposi le armi della ribellione. Alcuni dei miei compagni di classe insorsero perché in un quadrimestre ero riuscita a ottenere gli stessi risultati che loro inseguivano dal ginnasio. Adesso si trattava di scegliere cosa studiare all'università, e io sentivo piú di tutto il bisogno di un cambiamento. L'aria in casa mi sembrava di nuovo irrespirabile, anche adesso che non c'era piú mio padre, cosí la scelta cadde sull'unica facoltà umanistica che avrei dovuto frequentare necessariamente altrove. All'epoca Psicologia non c'era ancora a Napoli, cosí m'incaponii di trasferirmi a Roma. Come al solito mia madre non seppe tenermi testa, ma questo non stupisce: il mio psichiatra sostiene che opporsi alla mia volontà sia quasi del tutto impossibile, per non dire inutile, e che il mio carattere dispotico lasci agli altri davvero poco margine di negoziazione.

Mi ritrovai da sola in una città enorme e sconosciuta, condannandomi a un'infelicità che, per di piú, risultava costosa per le nostre finanze. Avevo voluto andarmene, eppure mi accorsi quasi subito che la distanza da casa, dalla mia città, non mi era per niente congeniale. Mi sembrava di avere una doppia vita, mi sentivo scissa: in entrambi i luoghi e in nessuno. Convivere con degli estranei si rivelò non essere il mio forte, e durante la permanenza a Roma – che sarebbe durata nel complesso sette anni: il corso di laurea quinquennale e un master di due – sarei stata costretta a cambiare tre diverse case e a convivere con una quantità indefinita di coinquilini. Detestavo quegli appartamenti quasi sempre ai limiti della decenza, i turni di pulizie mai rispettati e gli scomparti del frigo dove ognuno doveva tenere la propria roba. C'erano anche dei lati positivi, certo: sperimentai la possibilità di fare quello che volevo quando volevo, senza doverne rendere conto a nessuno. Mangiare o non mangiare, studiare oppure no, saltare le lezioni senza dovermi giustificare, rientrare all'ora che volevo o non rientrare affatto. Roma, poi, era maestosa: rispetto ai vicoli con nomi di santi a cui ero abituata, i suoi viali mi sembravano larghissimi. Abitavo fra i quartieri Esquilino e San Lorenzo dove, all'interno di una ex fabbrica di birra, si trovava la mia facoltà. Durante le ottobrate dal clima estivo, io e le mie coinquiline studiavamo nello stretto terrazzo del nostro appartamento al sesto piano. Ci mettevamo sedute sul davanzale, eravamo incoscienti, ci piaceva cosí.

Ho sempre avuto una predilezione per i casi clinici, prima ancora di diventarlo io stessa. Fra le mie letture universitarie, mi colpí in modo particolare *Diario di una schizofrenica* di Marguerite Sechehaye, uno dei testi d'esame di Psicologia dello sviluppo. Si trattava di un libro a due voci sulla malattia mentale dal punto di vista della paziente – la diciassettenne Renée – e della psicoanalista di Ginevra (la Sechehaye, appunto) che la seguí nel 1930. La paziente, una volta guarita, rievoca in prima persona la sua storia, dall'apparizione progressiva dei sintomi – una percezione distorta, anche in termini fisici, della realtà – alle fasi di parziale remissione grazie a un procedimento psicoterapeutico che in seguito alla pubblicazione del testo avrebbe assunto grande importanza nel trattamento della psicosi e nella comprensione della schizofrenia. Il libro, a cui s'ispira l'omonimo film diretto da Nelo Risi nel 1968, si chiude con una riflessione di Sigmund Freud che recita: «Questi malati sono distolti dalla realtà esteriore, ed è per questo che su quella interiore ne sanno piú di noi e possono rivelarci cose che senza il loro aiuto sarebbero rimaste impenetrabili». Durante i miei studi, del padre della psicoanalisi avrei molto apprezzato la contrapposizione fra pulsione di vita (Eros) e pulsione di morte (Thanatos), a suo dire presente in ciascuno di noi e su cui si fonderebbe l'equilibrio psichico. È il saggio del 1920, *Al di là del principio di piacere*, a segnare una svolta per Freud che smette di concentrarsi sulla libido e sull'autoconservazione per riscoprire l'importanza dell'istinto di morte come impulso primordiale della vita psichica. Quest'ultimo, sarebbe alla base dei comportamenti autodistruttivi presenti in vari disturbi psichici, e oltre a portare ad azioni aggressive contro se stessi o contro le altre persone, rappresenterebbe la tendenza umana verso la stagnazione e la distruzione, esprimendo dunque la tendenza di ogni essere vivente a ritornare allo stato inorganico originario (come me nell'estate dei tredici anni nella radura). Freud scriverà nel *Disagio della civiltà*:

> Partendo da speculazioni sull'origine della vita e da paralleli biologici, trassi la conclusione che, oltre alla pulsione a conservare la sostanza vivente e a legarla in unità sempre piú vaste, dovesse esistere un'altra pulsione a essa opposta, che mirava a dissolvere queste unità e a ricondurle allo stato primordiale inorganico. Dunque, oltre a Eros, una pulsione di morte; la loro azione comune o contrastante avrebbe permesso di spiegare i fenomeni della vita.

Come se la morte potesse rappresentare il fine ultimo dell'uomo, non privo di sollievo rispetto all'agonia della vita, la *Nuova enciclopedia* di Alberto Savinio riporta alla voce «Malinconia»:

> Afflizione dell'anima affine alla tristezza, ma questa affligge piú vivamente (piú materialmente). [...] La tristezza è disperata, la malinconia viene nelle «soste» della speranza. Se tanta malinconia è negli dei antichi, è perché l'immortalità, quell'immortalità «terrestre» cui essi erano destinati (o «condannati») esclude la speranza.

Per sostenere l'esame di Fondamenti anatomo-fisiologici dell'attività psichica, studiavamo sui *Principi di neuroscienze*, il manuale medico redatto dal premio Nobel Eric Kandel con James Schwartz e Thomas Jessell.

Ricordo quando il nostro professore – era un tipo piuttosto alternativo, con dei radi capelli grigi raccolti in un lungo codino e degli improbabili gilet – ci parlò in aula di depressione. Esordí dicendo che essere di cattivo umore o sentirsi tristi ogni tanto è normale, mentre sperimentare un certo tipo di sensazioni tutto il giorno o tutti i giorni rientra in una patologia precisa. Cercai di quantificare i miei momenti di tristezza: erano abbastanza sporadici o c'era da preoccuparsi?

Il professore accennò anche alla differenza fisiologica fra cronotipi mattutini e serotini, ovvero soggetti con un grado di attivazione maggiore nelle prime ore del giorno o viceversa dal pomeriggio in poi. I disturbi del ritmo circadiano sono una classe di distonie che riguardano l'alterazione del ciclo sonno-veglia. Chi soffre di questi disturbi arriva spesso a non poter conciliare i propri ritmi di sonno con la normale vita sociale e lavorativa (come me oggi). Già all'epoca appartenevo senza dubbio ai secondi: da sempre ero piú concentrata e attiva nelle ore serali, e al liceo avevo preso l'abitudine a studiare di notte prima di un'interrogazione o di un compito in classe. Oggi che la mia vita mi consente di alzarmi all'ora che preferisco, si può dire che la mattina è un momento della giornata che ho completamente abolito. Ovviamente mi capita di dovermi svegliare, qualche volta, per impegni improrogabili, ma quando possibile le mie attività sono tutte pomeridiane o serali.

Nel descrivere le turbe dell'umore, Kandel fa riferimento a Emil Kraepelin, cui si deve la prima classificazione delle malattie mentali. Alla fine dell'Ottocento, Kraepelin distingue le alterazioni delle facoltà cognitive o turbe del pensiero da quelle riferibili alla sfera emozionale o affettiva. Secondo Kraepelin, l'umore è un sintomo: il modo in cui il paziente riferisce di sentirsi; mentre lo stato affettivo è lo stato d'animo che è possibile riscontrare come segno obiettivo attraverso l'osservazione.

Non sono dell'umore, si dice, come una circostanza passeggera o di poco conto. Ma il nostro umore condiziona ogni cosa: il senso stesso che attribuiamo alla vita. Fra le diverse risposte affettive, tre possono diventare patologiche convertendosi in euforia, depressione e stato ansioso. In particolare, gli episodi di depressione sono caratterizzati da uno stato d'animo continuo di profondo sconforto (disforico) accompagnato da una sofferenza mentale intensa, incapacità di provare sentimenti piacevoli (anedonia) e perdita d'interesse per ogni cosa. Per la diagnosi è necessaria la presenza di almeno tre dei seguenti sintomi: alterazioni del sonno, riduzione dell'appetito e perdita di peso, perdita di forze, riduzione del desiderio sessuale, difficoltà di concentrazione, indecisione, senso di inutilità e di colpa, pessimismo, pensieri di morte e idee suicide.

Kandel afferma che le forme depressive gravi hanno spesso profonde conseguenze debilitanti; l'età media di esordio è intorno ai trent'anni e le donne vengono colpite da due a tre volte piú frequentemente degli uomini. Alcuni soggetti vanno incontro a un episodio isolato di depressione ma, in generale, la forma ha un andamento ricorrente: nel settanta per cento dei casi, i soggetti che hanno sofferto di un episodio depressivo ne avranno almeno un secondo nella loro vita.

All'università brillavo. A differenza della scuola, mi piaceva. Quello che contava era il risultato, potevo organizzarmi il lavoro come meglio credevo, frequentare solo i corsi che ritenevo piú interessanti, non c'era piú la condotta a compromettermi e quando andavo all'esame, per il docente ero quasi sempre una perfetta sconosciuta. Mi risultava piuttosto facile barare sulla mia preparazione, e in ogni caso l'obiettivo era ottenere il massimo col minimo sforzo. Ricordo però di periodi in cui non riuscivo a concentrarmi, ero svogliata piú del solito. Quando accadeva, ero indulgente con me stessa. Era come se sapessi che, in realtà, in quei momenti non potevo obbligarmi a studiare, neppure con l'esame alle porte. L'unica cosa da fare era aspettare che passassero da soli.

Fra gli esami complementari da sostenere nel mio corso di studi scelsi quello di Sociologia, imbattendomi cosí nel pensiero di Émile Durkheim. Secondo Durkheim, il suicidio, per quanto appaia come il gesto soggettivo e individuale per eccellenza, ha nei fattori sociali le sue ragioni piú profonde. Tra questi, non ultimo è quella che il sociologo francese definisce anomia, la rottura degli equilibri tra individuo e società e il conseguente sconvolgimento dei valori che organizzano una visione del mondo. Nel suo *Il suicidio. Studio di sociologia del 1897*, Durkheim parla di una predisposizione psicologica, certo, di alcuni soggetti al suicidio, ma sono poi i contesti sociali ad aumentare o diminuire la possibilità che tale predisposizione si trasformi in azione.

Nel frattempo m'innamorai.

Federico abitava nel mio stesso condominio, in un altro appartamento di studenti. Le nostre finestre davano sullo stesso cortile. Sapevamo l'uno dell'esistenza dell'altra grazie a una prossimità fatta di vetri chiusi o accostati, veneziane dalle cui fessure filtrava la luce accesa oppure no. Avremmo potuto continuare a scrutarci per sempre, lui era molto timido, molto riservato, finché una sera di settembre andò via la corrente elettrica in tutto il quartiere, e io e le mie coinquiline cominciammo a parlare coi ragazzi di fronte, mentre accendevamo delle candele chiedendoci le une con gli altri quando sarebbe tornata l'elettricità.

Ci conoscemmo cosí.

Lui studiava in un costoso ateneo privato, non nel calderone infernale della Sapienza come me, e sembrava un ragazzo modello. Quello con cui una madre immagina la propria figlia: era elegante, educato, di una bellezza discreta, di quelle che si fanno notare alla seconda occhiata. Era alto e molto magro, capelli castani e occhi verdi. Dietro le polo e i modi gentili, però, c'era un ragazzo cinico e piuttosto disturbato, che fumava canne dalla mattina alla sera e passava quasi tutto il suo tempo da solo in camera, in penombra. Aveva un po' la fisionomia e il look del serial killer, come i protagonisti della seconda versione di *Funny Games*, il film di Michael Haneke in cui due ragazzi prendono in ostaggio e seviziano una famiglia. Di Federico mi affascinava il contrasto fra l'immagine che rimandava e quello che era in realtà. Federico suonava la chitarra elettrica: ne sentivo ondeggiare le note acquatiche nel cortile, risalivano formando cerchi concentrici fino al sesto piano, come un richiamo rivolto a me. Diventammo amici. Parlavamo di libri e trascorrevamo moltissimo tempo insieme, nella mia stanza o a casa sua, dove c'era addirittura un piccolo soggiorno attiguo alla cucina, vero lusso in una casa di studenti dove ogni ambiente è in genere occupato da un inquilino diverso. Una sera qualsiasi provò a baciarmi, ma io mi ritrassi. Forse all'epoca non ero ancora innamorata di lui, forse semplicemente non mi aspettavo che lo facesse. Fatto sta che la nostra storia non cominciò mai davvero: passammo gli anni successivi a inseguirci e a perderci, a dormire insieme e a non capirci. Gli scrissi una lettera, una volta, in cui parlavo di un sentimento cangiante e prezioso che tuttavia non superava la prova di realtà.

Risale agli anni universitari, come conseguenza di questo rapporto tanto lacunoso e sofferto, il mio crescente bisogno di sicurezza: lo raccontano i diari dell'epoca.

A ventiquattro anni scrivevo:

> I rapporti si logorano, si stemperano, arriva un momento in cui non ti servono piú a niente.
>
> Aspetto un segno. Qualcosa che mi indichi cosa devo fare, dove devo stare, con chi. Mi rendo spettatrice della guerra greco-romana che si combatte nella mia testa.
>
> Immobile. Potrei aspettarti per sempre. Col gomito poggiato sulla scrivania e la fronte poggiata alla mano tento di capire: cosa mi manca? chi?
>
> Un rifugio, un marito.

A differenza delle mie amiche, piú proiettate negli studi e sui futuri sbocchi lavorativi, io avvertivo chiaramente l'urgenza di un legame che preludesse al matrimonio, e che il mio amato Federico non era certo in grado di offrire, per temperamento e giovane età. Cercavo con tutte le mie forze di allontanarmi da lui, procrastinando l'unica decisione necessaria a questo scopo, ovvero cambiare casa. Era piuttosto difficile dimenticarlo, infatti, quando bastava aprire la finestra per imbattermi nella sua sagoma. Mentre io mi allontanavo, prima solo con la testa, poi coi fatti, il cortile si riempiva dei gorgheggi dell'ex cantante lirica completamente svitata che abitava al piano terra. Di notte, oppure alla controra, sembravano riecheggiare dall'inferno.

Non ho idea di che fine abbia fatto, Federico. Ma non ho mai smesso di chiedermi come sarebbe stata la mia vita insieme a lui.

Sono sempre stata piuttosto monogama, nelle relazioni come nelle ossessioni. Con queste ultime intendo le cotte, o gli innamoramenti a senso unico, quelli che ci vedono aspettare qualcosa che poi non arriva. La tendenza a innamorarmi sempre o quasi di persone indecise, problematiche e sbagliate è arrivata a farmi credere che «il vero amore è solo quello non ricambiato». Credo di avere un bisogno vitale di *Sehnsucht*, che nel romanticismo tedesco indica la bramosia per qualcuno di inaccessibile, il desiderio di desiderare, la dipendenza dal desiderio. Dichiararsi, struggersi, inseguire e provocare reazioni. Nutrirsene per mesi, talvolta anni, a discapito di ogni razionalità. Ian McEwan racconta un disturbo psichiatrico ben preciso, l'erotomania o sindrome di De Clérambault, nel romanzo *L'amore fatale*, dove il giovane Jed Parry s'innamora perdutamente di uno scrittore eterosessuale felicemente sposato che non lo ricambia affatto. Ma in realtà l'erotomania, quel delirio sentimentale in cui il paziente ha la convinzione infondata e ossessiva che un'altra persona provi sentimenti nei suoi confronti, possiede molte caratteristiche comuni con l'amore romantico, tanto che il confine fra i due risulta difficile da individuare. McEwan racconta la vicenda dal punto di vista del perseguitato, colui che subisce il delirio amoroso, e non del persecutore o, di come lo chiameremmo oggi, dello stalker.

Gli sconfinamenti patologici dell'amore non solo sfiorano ma si sovrappongono all'esperienza amorosa normale, e non è sempre facile accettare l'idea che una tra le esperienze piú universalmente importanti possa sconfinare nella psicopatologia.

Questo perché l'innamoramento è sempre un'esperienza estrema, un atto irragionevole, perché quando ci si innamora, l'altro diventa «un'ossessione». E, infine, perché:

Viviamo avvolti dentro una nebbia percettiva in parte condivisa, ma inaffidabile, e i nostri dati sensoriali ci arrivano distorti dal prisma di desideri e convinzioni che alterano persino i ricordi.

A proposito di amore erotomaniaco, della mia tendenza a immaginare, e del piacere che ne deriva, in anni recenti l'ho ritrovato in *I love Dick*, in cui l'autrice Chris Kraus e suo marito orchestrano e autoalimentano l'infatuazione per un amico comune, fino a teorizzare la cosiddetta «scopata concettuale», ovvero quel sesso che, non superando mai la prova di realtà, diventa facilmente il migliore mai fatto.

In ogni caso, nella mia vita sentimentale la ricerca deliberata di stabilità prevalse sul bisogno di *Sehnsucht*. Durante gli anni del liceo avevo preso a frequentare con un'amica un gruppo di ragazzi piú grandi. Erano tutti molto piú ricchi di me, all'epoca già iscritti all'università, e poiché avevano genitori sempre in viaggio da qualche parte, davano magnifiche feste nelle loro ville con piscina o con accesso privato alla spiaggia. Anche mentre studiavo a Roma, mi capitava di vederli durante i miei ritorni a casa, e cosí conobbi Riccardo, che era il fratello maggiore di uno di loro. Aveva otto anni piú di me, e mi guardava con interesse. Io mi lasciavo guardare. Ero sempre piú esasperata dal bisogno sentimentale di sicurezza, e una volta laureata e abilitata avevo capito di non avere alcun interesse a esercitare la professione per la quale avevo studiato. Le mie compagne di facoltà si erano date alla ricerca, riversate nelle diverse scuole di specializzazione o in qualche azienda dove avrebbero selezionato il personale.

Io rifiutai un dottorato. Nel tentativo di prendere tempo, mi iscrissi a un master in Comunicazione.

Con mia madre avevamo lunghe telefonate. Ne abbiamo ancora: anche adesso che siamo tornate a vivere nella stessa città, si può dire che dai tempi di Roma il nostro sia un rapporto prevalentemente telefonico. All'epoca parlavamo per lo piú della mia insoddisfazione: io argomentavo che se la realtà fosse stata meno deludente, io sarei stata meno infelice. Lei diceva che la vita lo è quasi sempre, deludente, e che siamo noi a doverla prendere come viene. Aveva ragione, ma non volevo crederle. Mi sembrava che per gli altri fosse tutto piú semplice. Mi consigliò di vedere un terapeuta.

Durante gli anni dell'università, mia madre ebbe un'ischemia. L'episodio non lasciò segni, ma mise in luce la mia totale incapacità di gestire lo stress. Avevamo avuto una discussione in seguito alla quale ero uscita di casa sbattendo la porta. Quando rientrai un paio d'ore piú tardi, pur essendo tardo pomeriggio, lei era stranamente chiusa in camera sua al buio, come se stesse dormendo. Pensai che fosse ancora arrabbiata con me, ma nonostante questo spinsi la porta tastando l'oscurità fino ad accendere la luce. Vidi che non dormiva: mi fissava dal letto con uno sguardo di disapprovazione. Devo averle chiesto qualcosa, e lei deve aver provato a rispondere perché in un attimo fu chiaro a entrambe che c'era qualcosa che non andava: strascicava le parole, come se queste le restassero imbrigliate alla lingua. La paura mi paralizzò, nella mia esperienza non esistevano mezze misure e credetti che sarebbe morta: la davo già per spacciata. Malgrado questo, riuscii a chiamare un medico amico di famiglia, che corse a casa nostra e ci accompagnò all'ospedale. Durante il tragitto, e mentre in accettazione ci ponevano semplici domande sull'accaduto e stabilivano a quali esami sottoporla, io continuavo a singhiozzare, non a piangere, ma a singhiozzare: una delle infermiere disse che se non mi fossi calmata avrebbero dovuto ricoverare anche me. Molte ore piú tardi, mentre provavo a prendere sonno, non riuscivo a fare a meno di pensare che mia madre stesse scherzando, in realtà. Era come se non potessi accettare quello che era successo. I medici dissero che a causare l'ischemia era stato uno sbalzo di pressione. Venne dimessa, e ancora una volta la nostra vita continuò uguale a prima. Da allora, però, ogni notte prima di dormire, non potevo fare a meno di provare un brivido nel mio letto di Roma: pensavo di averla scampata, e che sarei stata completamente persa, senza di lei. Chi si sarebbe occupato di me, se fosse morta?

Ancora oggi non posso fare a meno di pensare che se nella mia vita avessi beneficiato di maggiori certezze – se non avessi avuto un rapporto tanto conflittuale con mio padre, se quest'ultimo non fosse morto quando io e mio fratello eravamo appena adolescenti, e ancora se non avessi dovuto convivere con la certezza di gravare economicamente su mia madre e col senso di colpa che questo comportava – difficilmente mi sarebbe venuto il pallino del matrimonio cosí da giovane. Ma non è questo, in fondo, quello che succede un po' a tutti: diventare qualcosa di diverso da quello che si desiderava? Senza per questo farsene un cruccio? Della serie è andata cosí, e magari è anche meglio? Io non riuscivo a rassegnarmi. Avevo idea che la mia natura, quella piú autentica, fosse molto piú vicina alla ragazza strafottente che ero stata rispeto alla studentessa modello con l'ansia di laurearsi in tempo. Credo che a causa di questi ragionamenti si sia fatta strada dentro di me la supposizione: se solo la vita mi avesse risparmiata.

Mi sentivo sottoposta a continue privazioni, e quello a cui mi pesava di piú aver dovuto rinunciare era la mia incoscienza.

Terminato il master ne approfittai per andare a trovare delle amiche lontane: prima volai a New York, poi a Berlino. Per quest'ultima destinazione partii insieme a Riccardo, che era stato invitato a una mostra in città. Lui mi corteggiava con discrezione, nel senso che gli piacevo, ma non lo dava troppo a vedere. Quanto a me, posso dire che non mi dispiaceva. Tornata dai viaggi, cominciai a lavorare in un'agenzia di Roma che si occupava della comunicazione di eventi culturali. Non esattamente quello che desideravo. I coinquilini che avevo all'epoca erano i piú insopportabili di sempre e ne ero stufa, ma senza un lavoro stabile non avrei potuto davvero permettermi un monolocale da sola. All'agenzia mi avevano presa a lavorare per la comunicazione di un festival e del grande concerto che si teneva ogni anno a Roma il Primo maggio. Aggirandomi indisturbata dietro le quinte di quest'ultimo mi aggiudicai l'autografo di Juliette Lewis, mio idolo sin da ragazzina, che si esibiva col suo gruppo. *Be loud and proud*, mi ha scritto nella dedica. Nel frattempo io e Riccardo, malgrado vivessimo in città diverse, ci sentivamo e vedevamo il piú possibile. Cominciai a prendere in considerazione l'ipotesi di tornare a Napoli e, nel novembre del 2005, lasciai il cortile e la casa al sesto piano, dalle cui finestre avevo visto per anni, in lontananza, i treni che entravano o uscivano dalla stazione Termini.

Ogni volta che mi trovavo a bordo di uno di loro avevo cercato di individuare le nostre finestre, e me ne sarei andata senza esserci riuscita.

Tornare a Napoli fu strano. Lavoravo come ufficio stampa per una fondazione di arte contemporanea, e iniziai a scrivere articoli per diventare pubblicista. Riccardo mi introdusse in una dimensione parallela fatta di pranzi con camerieri che servono a tavola e uscite in barca.

Sembrava tutto molto facile, all'inizio.

Non lo sarebbe stato.

Sua madre mi scrutava con sospetto. In effetti non posso biasimarla: sono senz'altro molto diversa dal tipo di ragazza che immaginava di vedere accanto a suo figlio. Lui, in compenso, mi amava.

Stavamo insieme da poco piú di un anno, quando con un gruppo di amici decidemmo di partire per una crociera in barca a vela in Grecia. Saremmo salpati dal Pireo, ad Atene, per ridiscendere le isole Cicladi fino a Santorini. Ho ancora una foto di me che riemergo dalle acque turchesi, i miei piedi sulla scaletta, il mio corpo bagnato in un costume bianco. Mi piaceva approdare ogni giorno su un'isola diversa, risalirne le stradine dal porto fino alla *chora*, mangiare piccoli pescetti fritti e visitare rovine. Pur essendo già stata in barca per delle uscite di un giorno o di un week-end, non potevo immaginare, però, quanto quel tipo di routine e il contatto forzato con altre persone avrebbero messo a dura prova il mio equilibrio mentale. Fatto sta che verso la fine dei quindici giorni, e al termine di una lunga traversata sotto il sole, mi ritrovai a implorare piangendo di riportarmi sulla terra ferma, perché non ne potevo piú del loro chiasso e di cime e vele e acqua da non sprecare e sveglie alle prime luci dell'alba.

A ventisette anni appresi che la mia tiroide non stava funzionando come doveva.

Me ne accorsi per caso, come quasi sempre accade, quando una ginecologa mi prescrisse alcuni esami ormonali necessari all'assunzione della pillola anticoncezionale. Un valore ematico di cui ignoravo del tutto l'esistenza sembrò allarmarla. Si trattava del TSH (Thyroid Stimulating Hormone) ovvero dell'ormone tireostimolante, tireotropo o tireotropina che l'ipofisi anteriore rilascia grazie al TRH, un altro ormone prodotto e secreto a sua volta dall'ipotalamo.

La ginecologa mi indirizzò da uno specialista in endocrinologia, che parlò di ipotiroidismo subclinico da compensare con un basso dosaggio di Eutirox che avrei dovuto assumere quotidianamente per tutta la vita. Apriti cielo. Ero molto giovane, e l'idea di dover prendere un farmaco per sempre non poteva certo rallegrarmi.

Ma il vero problema era una certa forma di idiosincrasia e sospetto nei confronti della medicina tradizionale che, da sempre, avevo respirato in casa.

Da bambini, io e mio fratello eravamo seguiti non da un pediatra, ma da un omeopata, che prescriveva microgranuli diversi da sciogliere sotto la lingua per ogni genere di disturbo. Mia madre azionava il meccanismo che rilasciava un microgranulo alla volta e ce li portava alla bocca: un rituale che aveva qualcosa di sacro. Nessuna tachipirina, nessun antibiotico. Crescendo, l'omeopata non si sarebbe limitato a chiedermi sintomi e disturbi: m'interrogava sui sogni che facevo e sulle sensazioni piú astruse: se avvertivo un senso di oppressione al petto verso metà pomeriggio, piedi freddi al mattino. Sul finire degli anni Ottanta, ben prima, quindi, che questa pratica si diffondesse in Italia, andavo almeno due volte l'anno dall'osteopata: un medico di origini tedesche specializzato in naturopatia che manipolava le mie articolazioni. Benché crescendo mi fossi quasi del tutto distaccata da questa filosofia di cura – con l'adolescenza arrivarono le prime aspirine per farmi passare in fretta il raffreddore e potenti antinfiammatori contro i dolori mestruali – sfortuna volle che uno dei nostri omeopati di fiducia vantasse anche il titolo di endocrinologo. Per ovviare all'assunzione dell'Eutirox, uno dei farmaci in assoluto piú venduti e somministrati al mondo, nonché quasi del tutto privo di effetti collaterali, decisi quindi di consultarlo e di affidarmi alle sue cure.

Per circa tre anni, ovvero fino al 2011, varcavo ogni tre mesi la soglia del suo studio: con lui monitoravamo periodicamente i valori attraverso le analisi del sangue e, malgrado le centinaia di granuli e gocce dai nomi latini ed evocativi che mi somministrava – del calibro di Pulsatilla e Nux Vomica –, il mio TSH oscillava. C'erano controlli in cui rientrava nel range, e altri in cui superava il valore ematico massimo. Intanto, mentre la mia tiroide arrancava perché non compensata come avrebbe dovuto, nella mia vita di ragazza a un passo dai trent'anni succedevano cose: ero molto concentrata sul lavoro, a breve mi sarei sposata e avrei cominciato a desiderare un figlio. Ricordo che c'erano momenti in cui avvertivo una grande stanchezza, come pure una tendenza a trattenere liquidi, in alcune foto di quel periodo mi vedo gonfia. Si tratta di sintomi che solo ora, a posteriori, associo al TSH: proprio perché subdoli e non eclatanti, all'epoca mi sembravano del tutto casuali.

Riccardo mi propose di trasferirmi in pianta stabile nel suo appartamento, dove mi limitavo a trascorrere i fine settimana. Io non cedetti: volevo le nozze.

Cosí nozze furono. Mi ritrovai all'anulare sinistro un brillante considerevole: ricordo che un'amica mi chiese se, una volta ricevuto, ero andata a farmelo valutare.

I preparativi furono estenuanti, dovetti misurarmi con un galateo che ai miei occhi era tanto oscuro quanto superfluo. Centinaia di partecipazioni venivano spedite in ogni dove, neppure si trattasse di un matrimonio fra reali. Il risultato fu un ricevimento formale, dove non conoscevo neppure la metà dei duecento invitati. Venne aperta per noi una lista nozze in un noto negozio di arredi. Il risultato furono sedie di pelle e tavolini di cristallo, nonché una credenza con costosi servizi di porcellana dentro. Tutte cose piuttosto inutili, dal mio punto di vista, cresciuta in una casa dove non ci si sedeva insieme a tavola neppure per il pranzo di Natale. Malgrado questo abbozzavo. Non ero il genere di ragazza abituata a sentirsi dire cosa fare, mentre Riccardo aveva nei confronti dei suoi genitori un atteggiamento remissivo, e questi ultimi dettavano legge. La sua era una tipica famiglia di stampo patriarcale, molto tradizionalista. L'unico dettaglio che ci vide irremovibili fu la scelta di un matrimonio civile. Potevo accettare tutto, ma la chiesa no. In ogni caso anche oggi, a distanza di dieci anni dalle nozze, la sensazione che mi rimane è quella di un momento che avrei voluto diverso. E non solo per il tipo di ricevimento.

Il matrimonio, però, fu l'occasione per riabbracciare Celeste, grande amica dei tempi dell'università. Lei, dopo gli studi, si era trasferita a Milano, dove lavorava nelle risorse umane di una multinazionale. Anche se eravamo lontane, avevamo l'abitudine di chattare ogni giorno. Aveva uno humor nero che mi divertiva moltissimo. Le cose perfette non sono per noi, diceva. Un giorno cominciò a raccontarmi di dolori alla schiena, difficoltà a camminare, credevano avesse un'ernia del disco. Una volta in cui non trovava le chiavi nella borsa per rientrare in casa le capitò di non riuscire a trattenere la pipí. Ricordo perfettamente il suo messaggio nella mia finestra del computer: me la sono fatta addosso. L'ironia di cui era capace non riusciva a nascondere la sua preoccupazione. Il responso della risonanza fu impietoso: aveva un ependimoma, una neoplasia piuttosto rara, e assolutamente maligna, del midollo spinale. Quando venne a Napoli per il matrimonio credo fosse reduce già da due interventi, innumerevoli sedute radioterapiche e di fisioterapia.

Avevo promesso a Celeste che al ritorno dal viaggio di nozze sarei andata con lei a Lourdes, un'esperienza affrontata da entrambe con spirito decisamente blasfemo. Ma anche cosí non immaginavo che sarebbe stato tanto orribile passeggiare in una cittadina che aveva fatto della fede un business. Nelle strade c'erano piste ciclabili riservate agli invalidi in sedia a rotelle, e i sani, gli accompagnatori, di cui io facevo parte, erano invece in netta minoranza. Dovevi quasi vergognartene. Ricordo fatica e pioggerella, ceri grandi quanto tronchi d'albero e taniche in cui raccogliere l'acqua santa. E messe *en plein air* dette al microfono in tutte le lingue. E l'acqua gelida della piscina in cui immergersi, la stessa che sgorgava dalla fonte e che bagnava la roccia, e che milioni di mani toccavano, portandosela alla fronte, sperando nel miracolo. E ricordo la sofferenza. Mentre Celeste e io compravamo braccialetti di perline come souvenir sapevamo entrambe come sarebbe finita. Lo sapevamo anche in seguito al terzo e ultimo intervento, quando dormii con lei nella stanza dell'ospedale in cui l'avevano aperta ancora, per togliere qualcosa che continuava a tornare e che dopo sei anni se la sarebbe portata via.

Durante uno dei molti ricoveri, una suora o una volontaria entrò nella sua stanza. Spacciava immagini di santini per regalare conforto agli ammalati, e si illudeva di poter fare lo stesso con lei. La malattia aveva reso l'umorismo di Celeste ancora piú caustico, se possibile. La suora la prese larga, chiese cosa avesse, poi sospirò. Disse a Celeste con tono incoraggiante che il Signore ha un progetto per ognuno di noi. Celeste le rispose che era un progetto di merda.

Verso la fine, dopo Lourdes ma prima che le sue condizioni si aggravassero tanto da diventare disperate, mi chiese di Dignitas, la clinica svizzera specializzata in suicidio assistito, di cui scrive anche Michel Houellebecq nel romanzo *La carta e il territorio*. Rifiutai di accompagnarla. Mi sembrava una responsabilità troppo grande da sostenere, e credo avessi ragione.

Tuttavia me ne pento.

Arrivò a casa nostra un invito di una mostra organizzata dal Migros Museum, un'istituzione svizzera con sede a Zurigo, di cui conoscevamo la direttrice. Si trattava della personale di Dawn Mellor, una giovane artista inglese che non conoscevo, e il dipinto dell'invito era una trasfigurazione di Audrey Hepburn in *Colazione da Tiffany* – la si poteva riconoscere dalla pettinatura e dai giri di perle intorno al collo – ma aveva il viso sfregiato, ricoperto di sangue. Mi piacque moltissimo per il contrasto fra l'eleganza dell'abbigliamento e la distruzione del volto. Era inquietante ma mi affascinava, cosí la incollai allo specchio della mia cabina armadio. Rimase lí fino a quando non traslocammo, diversi anni piú tardi, e solo recentemente ho cercato in rete notizie sull'autrice.

Nelle sue grandi tele Dawn Mellor se la prende con personaggi noti dello spettacolo e personalità legate alla politica – da Britney Spears a Michael Jackson e Anna Wintour, da Barack Obama a Tony Blair e Margaret Thatcher. Sembrano tutti assolutamente disperati: sono feriti, isterici, in evidente difficoltà. A volte dicono frasi senza senso, o pongono domande angoscianti a se stessi e al pubblico: Se tutti ti vogliono perché nessuno chiama? Non avevo dubbi che nella vita dell'artista, per generare opere cosí forti, dovesse esserci stato qualcosa di molto traumatico, che le facesse vedere mostri anche dove non ce n'erano, e che le permettesse di trasfigurare icone e celebrità in un modo orribile e ipnotico al tempo stesso. La sua biografia non mi diede torto. Era cresciuta a Manchester, e sua madre si era uccisa quando lei aveva quattro anni. In seguito a questo evento, era andata a vivere con i nonni, dove era venuta a conoscenza del gesto materno e a otto anni aveva contratto la poliomielite, a causa della quale era rimasta claudicante. Anche sua nonna avrebbe finito per togliersi la vita, e l'insieme di queste tragedie l'aveva portata a cominciare a dipingere. Un soggetto di particolare interesse per Mellor è Dorothy, il personaggio del *Mago di Oz* interpretato dall'attrice Judy Garland. In uno dei suoi ritratti vomita pillole, nel movimento di chinarsi sembra avere un doppio volto e alle sue spalle c'è uno sfondo nero. Malgrado indossi il costume di scena, è tutto molto diverso da quando Dorothy cantava *Over the Rainbow*, sognando di trovarsi in un mondo magnifico, dove il cielo e gli uccellini sono azzurri e tutti possono vivere felici. Mi chiedo se le pillole che cadono dalla sua bocca nel dipinto siano un'allusione ai barbiturici che causarono la morte dell'attrice nel 1969, all'età di quarantasette anni.

La mia carriera giornalistica sarebbe finita come quella di Sylvia Plath. Anche la scrittrice e poetessa morta suicida a trent'anni, infatti, ebbe il suo primo esaurimento nervoso dopo un periodo di lavoro all'interno di una redazione. Lei, durante il tirocinio nella rivista di moda newyorkese «Mademoiselle», io da collaboratrice al «Corriere del Mezzogiorno», dove mi aggiravo da cinque anni in cerca di un'assunzione. Non era stato facile conquistare spazio, eppure c'ero riuscita. Per quanto faticoso e mal retribuito, il lavoro da collaboratrice esterna mi si addiceva abbastanza, mi portava a conoscere posti e persone nuove, riservava discrete gratificazioni. Scrivevo per lo più nelle pagine dedicate all'arte e alla cultura, e tenevo una rubrica di costume intitolata *Arte & Società*. Saltavo da un vernissage all'altro e da una festa all'altra raccontandone il parterre con foto e brevi descrizioni. Capita ancora che qualcuno mi chieda perché abbia smesso. I miei responsabili mi consideravano brava, all'epoca; sapevo essere brillante come ancora oggi so essere, nei periodi buoni.

Avevo molte idee, ero socievole, qualche volta sfacciata. Ma non tutti facevano il tifo per me. Come in ogni ambiente di lavoro, c'erano delle fazioni, e alcuni colleghi parteggiavano per altre nuove leve. Quando nel 2010 mi fu offerto un contratto di sostituzione estiva, in cui avrei dovuto fare le veci dei responsabili di Cultura e spettacoli durante le loro ferie accedendo cosí all'ambitissimo praticantato, non tutti furono contenti. E per la verità neppure io. Ero sposata da poco, e dopo un anno di lavoro pregustavo le vacanze che io e Riccardo avremmo trascorso in un dammuso a Pantelleria e a cui mi pesò dover rinunciare. Accettando l'incarico avrei trascorso il periodo estivo seduta a una scrivania, in un open space dalle temperature glaciali per via dell'aria condizionata e separato dal mondo esterno da spessi vetri oscurati. Inoltre, il lavoro di redattrice, che consisteva nell'impaginazione e nella scelta dei contenuti e che pure ero abituata a svolgere quando aiutavo i miei capi, si rivelò molto piú pesante di quanto mi aspettassi quando me ne assunsi la completa responsabilità. Il lavoro interno, come si dice in gergo di «desk», non aveva niente di affascinante ai miei occhi: non si andava in giro, ma si restava chiusi in redazione a rispondere al telefono tutto il tempo, sotto le luci accecanti dei neon. Mi sembrava di stare in un acquario dal filtro sporco. Mi ero anche convinta di stare antipatica alle addette all'impaginazione: megere obese vestite sempre di nero che mi fanno aspettare apposta per ogni cosa, pensavo. Nella rigida gerarchia redazionale ero l'ultima arrivata, ed era orribile trovarsi in quella posizione. La sera, quando tornavo a casa, era come se il mio cervello fosse stato lessato, per quanto mi sentivo stanca, eppure prima di addormentarmi continuavo a vedere i titoli che avrei potuto fare e non avevo fatto, e ancora al lavoro che mi aspettava il giorno dopo, ne ero estenuata. Il contratto prevedeva che io lavorassi sei giorni su sette, avevo quindi a disposizione la domenica per riposarmi e poi ricominciare tutto daccapo. Tenni duro, e a settembre tirai un sospiro di sollievo. Ma è come se da quel periodo non fossi riuscita piú a ricaricarmi, e anzi avessi aggiunto stanchezza a nuova stanchezza.

Ci sono destini. Se da ragazzina il mio obiettivo era arrivare a una posizione confortevole, da adulta sarei riuscita a occuparla, ma avrebbe coinciso con la mia rovina.

Verso gli otto anni, passeggiando con mia madre lungo la strada per tornare a casa, mi colpí una targa posta all'ingresso di un palazzo signorile. Era piú grande rispetto alle altre presenti e le chiesi cosa significasse la parola «notaio», impressa a caratteri maiuscoli sulla superficie dorata. Mi sentii rispondere che era un lavoro, una professione al pari della maestra o dell'avvocato. Ma quando indagai ancora per capire in cosa consistesse nello specifico, mia madre mi liquidò dicendo in tono sprezzante che era solo un lavoro molto noioso.

A trent'anni sarei stata sposata con un ragazzo che ambiva a diventare notaio, come suo padre.

Lo sarebbe diventato, infine, dopo cinque tentativi e una vita passata sui codici giuridici e sui libri di testo per le prove di concorso.

Ma andiamo con ordine.

Subito dopo l'estate trascorsa in apnea al giornale, si presentò la possibilità di andare a vivere in una grande casa di proprietà di mio marito. Benché all'epoca abitassimo in un piccolo appartamento in affitto, ricordo che la prospettiva del trasloco non mi entusiasmò. Ero ancora molto provata dalla sostituzione estiva e mi sentivo priva di energie. Lo accennai a Riccardo, ed entrambi convenimmo che era un appartamento sovradimensionato per noi due soli, oltre che in un punto della città bello ma scomodo perché lontano dal centro e dai nostri posti di lavoro. Avremmo invece potuto venderlo, per acquistarne un altro piú vicino ai nostri desideri. Ma suo padre si oppose categoricamente, perciò, senza troppa convinzione, decidemmo di trasferirci comunque. All'epoca io avevo trent'anni, Riccardo trentotto. Mentre io mi dedicavo ad alcuni lavori di ristrutturazione da apportare a quella che sarebbe presto diventata la nostra nuova casa, arrivò una notizia che nessuno di noi si aspettava piú. I risultati degli ultimi esami scritti lo vedevano vincitore. Dopo il primo momento di gioia e incredulità, la tensione data da quella notizia divenne tangibile. Lui si eclissò: nei successivi mesi non fece altro che studiare per l'esame. La notte prima dei suoi orali, a marzo, lo accompagnai e prendemmo una stanza a Roma in un albergo vicino al ministero della Giustizia. Lui riuscí a dormire, io no.

L'indomani sostenne l'orale e passò l'esame.

Pochi giorni dopo, all'inizio di aprile, traslocammo nella grande casa. Avevamo buttato giú alcuni muri, e il solo salone misurava ottanta metri quadri; per quanto lo arredassimo, sembrava sempre vuoto. Il condominio costava quanto un affitto e noi eravamo a corto di soldi: la ristrutturazione aveva prosciugato il nostro conto in banca. Una volta passati gli scritti, Riccardo aveva pensato bene di smettere di lavorare come avvocato, ma visti i tempi biblici della burocrazia italiana avrebbe cominciato a guadagnare solo un anno e mezzo piú tardi. In quei mesi, quindi, vivevamo del mio lavoro e della «generosità» di mio suocero. Nello stesso periodo, nonostante i tentativi, non riuscivo a restare incinta, dettaglio che mi esasperava rendendo ancora piú nefaste le mie sindromi premestruali. Senza saperlo, stavo avvicinandomi sempre piú a quello che sarebbe stato il mio primo esaurimento nervoso. Ci stavo per sbattere contro e, a partire da quel momento, la mia vita sarebbe cambiata per sempre.

D'un tratto, la mia capacità di adattamento era svanita. La casa nuova mi sembrava troppo grande e troppo vuota, troppo lontana da tutto, troppo silenziosa. Giravo per le stanze disorientata. Provato dall'enorme stress, Riccardo era insopportabile, sempre nervoso, come se avesse cambiato atteggiamento nei miei confronti. Come se fosse un'altra persona. Non saprò mai se ero io a percepirlo tale o se fosse davvero cosí. Ricordo che le persone che incontravamo avevano reazioni entusiastiche e a proposito del concorso utilizzavano espressioni come «vincere alla lotteria». Un suo amico e compagno di studi, alla notizia, mi guardò e disse: Anche tu avrai una vita diversa. Non avrei potuto immaginare quanto. Tutti si complimentavano con lui, con noi: si aspettavano che fossimo entusiasti. Ma non lo eravamo. Sen-

za neppure accorgermene, avevo perso molto peso, la bilan-
cia segnava quarantacinque chili. Ero stanca, stanchissima,
e tuttavia non riuscivo a riposarmi. Telefonavo a mia madre
in lacrime. Percepivo chiaramente che mi stava succedendo
qualcosa di grave, qualcosa che aveva a che fare con il controllo e con la salute, ma non sapevo come oppormi. Il lavoro
al giornale mi sembrava troppo, incessante, continuo. E, soprattutto, non mi piaceva piú. Cominciai ad avere difficoltà
a dormire. Faticavo a addormentarmi, oppure piombavo in
un sonno profondo che s'interrompeva nel cuore della notte, o alle prime luci dell'alba. Siamo creature ritmiche, e la
parte del nostro ciclo vitale che permette al cervello di non
sovraccaricarsi è essenziale. Arrancavo. Sistemando alcuni
scatoloni in casa caddi slogandomi un polso; qualche settimana dopo, andando a un appuntamento di lavoro, mi graffiai
una mano con la catena del motorino. Cercavo di dissimulare, ma in redazione la mia responsabile chiese cosa avessi,
per quale motivo non fossi del solito umore. Cominciarono
ad arrivare le ondate d'ansia, quelle che paralizzano e bloc-
cano il respiro. Piú mi rendevo conto che mi stava accadendo qualcosa, che non ero completamente padrona delle mie
reazioni, e piú cresceva il panico. Riccardo guardava, non
sembrava capire. A giugno mi offrirono nuovamente il contratto di sostituzione estiva.

  E allora crollai.

Je suis malade cantava sul palco Dalida prima di mettere
fine alla sua carriera e alla sua vita. Il racconto della malattia,
l'autoproclamazione della stessa, o il «privilegio» di viverla
da spettatori contagia oggi una buona fetta di letteratura,
ma si tratta di un filone relativamente recente, se consideriamo che fino all'Ottocento il linguaggio medico, scientifico, necessario per parlare del corpo e delle sue funzioni, era
bandito dai testi letterari. In un saggio del 1930, intitolato
Sulla malattia, Virginia Woolf scrive: «Considerato quanto
sia comune, [...] appare davvero strano che la malattia non
figuri insieme all'amore, alle battaglie e alla gelosia tra i te-

mi principali della letteratura». E invece odi alla polmonite e liriche al mal di denti scarseggiano, malgrado i malati siano spesso ottimi lettori sia perché sottratti alla pienezza della vita, sia perché alla ricerca di conforto sulla propria condizione.

Con la malattia la simulazione cessa. Appena ci comandano il letto, o sprofondati tra i cuscini in poltrona alziamo i piedi neanche un pollice da terra, smettiamo di essere soldati nell'esercito degli eretti; diventiamo disertori. Loro marciano in battaglia. Noi galleggiamo tra i rami nella corrente; volteggiamo alla rinfusa con le foglie morte sul prato, non piú responsabili, non piú interessati, capaci forse per la prima volta dopo anni di guardarci intorno, o in alto – di guardare, per esempio, il cielo.

Ho trovato illuminante il libro in cui Louis Wolfson, affetto da schizofrenia, racconta in prima persona il cancro di sua madre. *Mia madre, musicista, è morta di malattia maligna a mezzanotte, tra martedí e mercoledí, nella metà di maggio mille977, nel mortifero Memorial di Manhattan* – è un testo che, sebbene frutto di una visione a tratti delirante, guarda alla malattia, propria e altrui, con un cinismo che me lo rende affine. In ogni caso, la narrazione di patologie, ospedali e morte necessita di un codice linguistico diverso da tutti gli altri. Ne ha fatto un tratto distintivo Joan Didion, osannata per i libri *L'anno del pensiero magico* e *Blue nights,* in cui ripete incessantemente gli eventi che condussero alla morte prima il marito e poi la figlia, a distanza di due mesi l'uno dall'altra. È una forma di litania mentale che adoperiamo di fronte a eventi scioccanti, dei quali non riusciamo a capacitarci, che *non possiamo accettare* e che la Didion trasforma in espediente letterario. Malgrado si tratti di una materia che in un attimo può scivolare nel melodramma, se il registro linguistico resta asettico e affilato difficilmente accade. Mi viene in mente l'espressione piuttosto cruda «imputridisce da viva», che Simone de Beauvoir usa in riferimento alla madre malata in *Una morte dolcissima,* una sorta di diario cui consegna i suoi pensieri nei giorni che precedono l'addio del genitore. Anche Philip Roth rifugge le «lagnose metafore» in *Patrimonio,* dove con linguaggio secco ci consegna il commiato al padre.

Ancora sul complesso rapporto fra scrittura e dolore, Jonathan Franzen ha scritto:

> Tirai fuori il taccuino e scribacchiai qualche appunto sulle mie attività delle ultime sette ore [...]. Ma quando provai a scrivere in tono confessionale, in prima persona, scoprii che mi sentivo a disagio. [...] dovevo essermi talmente abituato a narrativizzare me stesso, a vivere la mia vita come una storia, che ormai potevo usare un diario solo per risolvere problemi e indagare su me stesso. Neppure quando avevo quindici anni [...] avevo scritto in preda alla disperazione, ma solo dopo esserne felicemente uscito, e adesso, a maggior ragione, le storie che mi interessavano erano quelle raccontate – selezionate, chiarite – a posteriori.

In *Malattia come metafora* Susan Sontag avrebbe invitato il lettore a liberarsi dal senso di colpa e di scandalo che avvolge la malattia, considerata il «lato oscuro della vita». Anch'io vorrei evitare di trasformare la malattia in una metafora, ma cosa accade quando ad ammalarsi, a cedere, non è una parte qualsiasi del nostro corpo, con le sue funzioni e la sua anatomia, ma l'organo ben piú complesso che è la nostra mente? È possibile, quando questo accade, che sia l'ammalato stesso a fornire prove e argomentazioni? Il mio tentativo è questo libro.

Il primo ansiolitico lo devo a un pomeriggio in cui ero a casa da sola e mi sembrò di non riuscire piú a respirare. Sapevo che un'amica prendeva del Lexotan per dormire e la chiamai supplicandola di portarmelo. Il giorno dopo vidi il mio medico, che parlò di stress e prescrisse delle benzodiazepine per aiutarmi a dormire; nel frattempo, però, con mia madre prendemmo un appuntamento con uno specialista. A consigliarcelo era stata una sua collega, il cui figlio aveva sofferto di una crisi depressiva durante l'adolescenza.

Il primo psichiatra non si scorda mai, soprattutto se ti rovina. Entrai nel suo studio da sola, dove m'interrogò a lungo. Su di me e sui miei sintomi. Dovetti constatare quasi subito che, nell'ascoltarmi, continuava a inumidirsi le mani con delle salviette imbevute, di quelle che si usano per i bambini. Era una procedura che assumeva la portata di un vero e proprio tic o comportamento compulsivo e che si ripresentava a ogni visita protraendosi per tutta la sua durata.

Mi prescrisse degli psicofarmaci: Queste pillole l'aiuteranno a funzionare meglio, vedrà. Peccato che non riuscissi a guardare la cosa da questa prospettiva, mentre leggevo sconcertata il bugiardino dei primi ansiolitici o melatoninergici che mi venivano prescritti. Sembravano bollettini di guerra, inserzioni funebri, pronostici maledetti. E invece di smorzarli, incrementavano i miei sintomi. Per la prima volta, ero accerchiata da parole sconosciute e ostili: crisi d'ansia, esaurimento nervoso, episodio depressivo. Mi circondavano, mi appartenevano. Lo psichiatra delle salviette riceveva i pazienti uno dopo l'altro, pretendendo magari di ridicolizzare insieme a me quello appena uscito. Mi osservava con sguardo sornione, sogghignando come se avesse chiare le ragioni della mia instabilità, e abbracciava cosí, senza neppure accorgersene, una visione totalmente stereotipata della malattia mentale. Nella mia vita all'improvviso c'erano solo pillole, e ancora pillole, allineate nei loro blister in attesa d'essere prese. Servivano per dormire, per dimenticare, per guarire. La collezione ne prevedeva di ogni forma e colore: alcune erano anonime compresse, spesso da dividere a metà o in quarti con un coltello, fra polvere bianca e pezzettini che schizzavano via. Altre erano capsule rivestite: bianche e blu o bianche e rosse. Le mandavo giú con un misto di sfida e rassegnazione.

Col dottore convenimmo che, oltre a seguire la cura, avrei preso un periodo di riposo, e di conseguenza rifiutato l'incarico al giornale. Fu una decisione molto difficile, perché prendendola mi sembrava di andare contro me stessa, e questo aggiungeva ansia all'ansia. Esitavo nel fare le cose piú banali: nella mia vita avevo superato prove e raggiunto risultati, ma adesso tremavo nel digitare una password. Vacillavo. Dubitavo di me, percepivo chiaramente di non essere padrona delle mie facoltà. Decidere cosa mettermi era un'impresa, guidare la macchina una scommessa.

Andammo al mare, la sensazione era quella di aver disimparato a nuotare. Solo a distanza di anni, ho capito che l'idea

di non saper piú fare le cose era in realtà dovuta all'assenza
dell'energia per farle. Rivedo la me di allora. Rivedo mia madre, il disorientamento di entrambe. Quando si sta cosí c'è
bisogno di molta assistenza. La stessa che si darebbe a un bambino piccolo. È possibile riceverla da chi ti vuole bene, ma se
devo dirla tutta, nella fase acuta credo che la cosa migliore,
sia per il paziente che per chi assiste, sia il ricovero.

Con Riccardo decidemmo invece di andare in montagna,
in Trentino, dove mia zia Laura ci mise a disposizione la sua
casa. Partire mi aiutò a ritrovare la calma. Avevo cominciato la cura farmacologica, che consisteva in una combinazio-
ne di Daparox + Valdoxan. Riccardo mi aiutava a sezionare
le pillole, che all'inizio della cura andavano assunte in quantità crescente: prima metà, poi tre quarti, solo infine intere.
Le tenevo in un beauty-case ben chiuso, provando il senso di
vergogna che chiunque abbia assunto farmaci di un certo tipo può comprendere, lo stesso che porta a toglierli dall'arma-
dietto del bagno quando in casa ci sono ospiti che potrebbe-
ro curiosare. Gradualmente ripresi a dormire (una sensazione
meravigliosa), ritrovai appetito, la mia testa non ruminava piú
tutto il tempo. Al ritorno, dopo dieci giorni di aria frizzante
e camminate, stavo decisamente meglio. Tuttavia ero ancora
molto disorientata: non sapevo come gestire quello che mi era
successo, né quale significato attribuirgli adesso che sembrava passato. La mia vita fino ad allora era fatta di impegni di
studio o lavorativi, adesso mi sembrava di aver perso la dire-
zione, come se non sapessi piú cosa fare. Dopo la montagna
andammo in Puglia, dove si sarebbe celebrato il matrimonio di
due amici. A quel punto erano trascorsi i famosi venti-trenta
giorni dall'inizio della cura, e beneficiavo dei suoi effetti. I
colori erano vividi, i sapori di nuovo piacevoli.

La realtà era come espansa, gli ingranaggi nel mio cervello
avevano ripreso a girare.

Malgrado questo, avevo sempre paura di ripiombare nel
baratro, era come se non dovessi perdere lo slancio, come
se fermarmi potesse rappresentare comunque e sempre un rischio, da quel momento in avanti, per me. Ancora oggi è cosí.

Uno dei testi piú belli sulla depressione è quello che Franzen scrive in memoria del suo amico David Foster Wallace, morto impiccato sul patio di casa sua in seguito alla sospensione della cura farmacologica che seguiva da vent'anni. Si tratta del racconto *Piú lontano ancora*, che mi ritrovai a leggere proprio nel periodo in cui avevo cominciato a stare male. Franzen intraprende un viaggio sull'isola di Masafuera, la stessa che fornì a Daniel Defoe l'ispirazione per il romanzo *Robinson Crusoe* e dove va a spargere le ceneri dell'amico. Franzen affida i suoi pensieri e la sua nostalgia a un diario e, riferendosi al travaglio interiore col quale l'autore di *Infinite Jest* aveva dovuto convivere, parla della sensazione di andare alla deriva, di essere travolti dagli eventi, nonché dagli abissi del proprio io.

Ricordo che mentre io e Riccardo passeggiavamo sul bagnasciuga della spiaggia di Pescara – la stessa città dove dodici mesi piú tardi sarebbe accaduto ciò che è accaduto – io cercavo rassicurazioni e lui continuava a ripetermi che le cose si sarebbero risolte da sole, e di non tormentarmi, quindi. Diceva cosí: che le cose si sarebbero risolte da sole, e io avrei voluto credergli con tutta me stessa, mentre procedevo con i piedi nell'acqua e il sole negli occhi, ma non ci riuscivo fino in fondo, e mi mancava il potermi aggrappare all'immagine che avevo di me, quella di una persona che malgrado tutto ce la fa. A dire il vero è un'immagine che mi manca ancora, di cui non smetterò mai di sentire la mancanza.

Al termine di quella lunga estate trascorsa sospesa, in cui la mia vita si era come fermata, scoprii di essere incinta. Ne fummo entrambi molto contenti, illudendoci che ogni cosa si fosse davvero risolta per il meglio.

Alla notizia della gravidanza, lo psichiatra con la fissa per le salviette ci fece subito firmare un modulo in cui si metteva al riparo da eventuali complicazioni causate dai farmaci che stavo assumendo. Era una sorta di consenso informato, una formalità, a suo dire. Peccato che entrambi gli antidepressivi che assumevo all'epoca fossero teratogeni, ovvero potevano avere serie conseguenze sullo sviluppo del feto. Alcuni studi epidemiologici indicano infatti un aumento del rischio di malformazioni congenite, e in particolare cardiovascolari (come difetti del setto ventricolare e del setto atriale), associato all'assunzione di paroxetina durante il primo trimestre di gravidanza. Dopo neppure tre mesi di cura, viste le mie condizioni generali che erano senza dubbio migliorate, nelle settimane successive i farmaci vennero ridotti gradualmente fino a eliminarli del tutto. Ciò nonostante, io ero euforica. Mi sentivo appagata e su di giri come se fossi scampata a un pericolo mortale. Non soffrii di nausee né di altri particolari disturbi: prosperavo. La mia pelle era luminosa, e l'amniocentesi confermò quanto sperato: avremmo avuto una bambina. Si cominciò a pensare al nome. A me piacevano Dafne e Benedetta, al padre Caterina e Francesca. Per un attimo pensammo a Ester, infine scegliemmo Greta. Mi immaginavo radiosa insieme a lei, da sveglia. La notte, invece, c'erano gli incubi. Non saprei dire esattamente cosa sognassi, ma la sensazione era sempre la stessa: quella di essere in difetto, incapace di fare qualcosa, impossibilitata. Era il ricordo, ancora vivido, del crollo avuto solo pochi mesi prima, o forse era una premonizione.

Gli ultimi mesi di gravidanza mi risultarono piú faticosi. Mi sentivo come posseduta da un'altra creatura che albergava dentro di me, e non riuscivo a trovarlo naturale. Rivolevo il mio corpo. Riccardo era spesso via, visitava alcune delle sedi in attesa di scoprire quale gli sarebbe stata assegnata. Sapevamo entrambi che i primi anni avrebbe dovuto esercitare altrove. Deve essere stato a quel punto che l'ansia ha cominciato a tornare, subdola. Ricordo l'eccessiva attenzione che prestavo alle condizioni meteo: se lui stava tornando in macchina, e fuori cadeva la pioggia, quest'ultima sembrava un

avvertimento, era come una minaccia. A parte questo facevo
yoga e lunghe passeggiate, una volta alla settimana vedevo la
psicologa che mi aveva seguita anche prima della gravidanza,
insieme al medico delle salviette, quando avevo cominciato
a soffrire di ansia. Dal momento che il mio TSH si era alzato
oltre un limite che avrebbe potuto compromettere il corretto
sviluppo tiroideo del feto, cominciai finalmente ad assumere
l'Eutirox. Avevo ripreso a scrivere i miei articoli. Nulla sembrava presagire quanto stava per accadere.

In quel periodo o subito prima, venni a conoscenza di
due suicidi.

Il primo era quello di una ragazza che aveva frequentato il mio stesso liceo. Non posso dire che fossimo amiche,
ci conoscevamo di vista e avevamo la stessa età, all'epoca
l'avrei definita simpatica. Ci rincontrammo alcuni anni dopo la fine della scuola, perché entrambe scrivevamo d'arte
e cultura per due quotidiani. Lei stava facendo anche un
dottorato in Comunicazione, credo. Ricordo una mostra in
cui ci fermammo a parlare dei nostri progetti. Mi sembrava
ne avesse. Poi la vidi ancora una volta, l'ultima. Capitam-
mo allo stesso tavolo a cena, dopo un'inaugurazione: lei era
seduta di fronte a me. Ricordo solo che era gonfia in viso.
È un particolare che notai perché era sempre stata piuttosto magra. Poco tempo dopo venni a sapere che era morta:
si era buttata dal balcone di casa dei suoi genitori, un volo
di quattro piani. Le notizie rimbalzarono come succede in
questi casi. Dissero che stava male. Che non ci stava con la
testa. Ero scossa, mandai un messaggio a un'amica comune
che per un periodo aveva vissuto con lei.

Mi rispose che l'abisso l'aveva come risucchiata, disse
proprio così.

Qualche mese dopo fu la volta del padre di un amico. Era
un noto professionista di mezza età, un uomo che nella vita
aveva avuto tutto, dicevano. In maniera del tutto inaspet-
tata – non soffriva di depressione, e i familiari non erano a

conoscenza di possibili motivi che potessero indurlo a tanto – lo trovarono impiccato nella sua villa di campagna, dove
andava a trascorrere i week-end. Solo in seguito, dissero che
aveva commesso un errore sul lavoro, e che questo avrebbe
avuto delle conseguenze sulla sua carriera, probabilmente anche penali, non so. Forse non era riuscito a sopportare l'u-
miliazione, di fronte ai colleghi, di fronte ai figli. Forse non
poteva accettare che stava invecchiando, che anche lui poteva sbagliare. Ricordo che la nuora, al funerale, disse che non
avrebbe mai potuto immaginare una cosa del genere, che loro
erano felici, che non era possibile.

Il 29 marzo 2012, con la mia pancia di otto mesi, andai a
seguire una conferenza per il giornale. Era uno degli eventi
che chiudevano le celebrazioni per il Centocinquantenario
dell'Unità d'Italia, iniziate l'anno prima, e si svolgeva a Palazzo Zevallos. Dopo aver pranzato a casa di mia madre, presi
la funicolare nel primo pomeriggio. Faceva caldo, quel giorno, e il jeans premaman mi sembrava piú stretto del solito.
Era come se la fascia elastica comprimesse la circonferenza
del mio addome piú del dovuto, ma forse era il mio addome
che cominciava già a comprimersi da solo, senza che me ne
rendessi conto, mentre a passo svelto percorrevo via Toledo,
facendo lo slalom fra artisti di strada e folla. Varcata la soglia
del grande androne seicentesco, mi accreditai. Mi sembrò
che le mie mutandine fossero umide, quindi prima dell'inizio
della conferenza affrontai la scalinata che portava al primo
piano, dove c'erano i bagni, per andare a controllare. Non
c'erano dubbi: erano bagnate, ma faceva caldo, quindi potevo aver sudato. Ridiscesi lo scalone di marmo reggendomi al
corrimano, mi muovevo con cautela evitando scossoni, ma
atterrata di nuovo al piano terra qualcosa si ruppe, inequivo-
cabilmente. Era qualcosa di caldo e denso che colava lungo
le mie gambe impregnando il tessuto celeste, e che fece cambiare l'espressione del volto della ragazza che si trovava di
fronte a me, al banco dell'accettazione. Io guardai il liquido
ai miei piedi, e la ragazza con la gonna a tubino mi venne incontro, nei suoi gesti il tentativo di soccorrere. Mi ritrovai
distesa su una panca di legno lí all'ingresso, un capannello di

persone attorno, l'ufficio stampa un po' seccato: stavo monopolizzando l'attenzione di tutti.

Intanto io piangevo, presumo, col cellulare all'orecchio per chiamare il mio ginecologo, e Riccardo che quando gli dico: Mi si sono rotte le acque, risponde come un idiota: Ma ne sei sicura? In effetti avrei dovuto partorire solo a maggio. E invece no, sorpresa. Chiamarono l'ambulanza che per protocollo mi portò nell'ospedale piú vicino. Non la clinica privata vista mare che avevo visitato qualche giorno prima, quindi, ma un ospedale di cui ignoravo del tutto l'esistenza (quando dissi a Riccardo dove mi stavano portando, dovette googlare per capire dove fosse). L'Ospedale della Santissima Annunziata si materializzò ai miei occhi e fece ingresso nella mia vita come una sorta di girone dantesco. Era a Forcella, un quartiere «di frontiera», direbbe qualcuno, un meandro in cui, abituata ad abitare le zone residenziali della città, non mi ero mai addentrata. Il ginecologo di turno in quel momento – quello che aveva seguito l'intera gravidanza poté a quel punto solo raccomandarsi telefonicamente col collega – mi visitò. Disse che ero in travaglio – possibile? io non sentivo niente – e che – dettaglio alquanto inquietante – un piede della bambina era già nel canale del parto. La bambina infatti era podalica, ovvero non si era posizionata come avrebbe dovuto, probabilmente non ne aveva avuto il tempo. Questo significava che, essendosi rotto il sacco amniotico, era necessario procedere con un cesareo d'urgenza. Non ero mai stata sottoposta ad alcun intervento, prima di allora. E per quanto avessi considerato l'evenienza di un parto non naturale, pratica molto frequente in Campania, devo aver vissuto il tutto come qualcosa di piuttosto traumatico, dal momento che ancora oggi mi appare confuso e ineluttabile, come un meccanismo malevolo che non si arresta.

Mi portarono in sala operatoria, odore di disinfettante e luci al neon.

Seguivo le loro indicazioni. Seduta sul tavolo operatorio, con le gambe penzoloni da una parte, offrivo la mia schiena all'anestesista che mi praticava una spinale. L'infermiere che mi cercava la vena dove infilare la flebo era cieco da un occhio, per cui ci riuscí solo al terzo tentativo. Per varie ragioni (presumo a causa dei tempi stretti, del mio stomaco pieno e forse anche della mia elevata impressionabilità) l'anestesia non fece effetto come avrebbe dovuto, ragion per cui per l'intera durata dell'intervento avvertivo mani che mi tramestavano dentro, al di là del telo verde.

Finalmente sentii un vagito, mi fecero vedere un attimo questa cosa bluastra a testa in giú (qualcuno la teneva per i piedi, ma mi domando se sia davvero possibile o solo frutto della mia immaginazione), quindi la portarono via perché era necessario metterla in incubatrice.

Fra i fattori predittivi, in base ai quali aumenta la probabilità di soffrire di ansia durante la gravidanza e di depressione *post partum*, troviamo al primo posto la presenza di precedenti episodi depressivi. Né lo psichiatra da cui ero stata in cura, né la psicologa nel cui studio andavo una volta alla settimana, né tantomeno il ginecologo che era a conoscenza dei miei pregressi, mi avevano avvertita che, nell'ultimo periodo di gravidanza, le donne che hanno avuto problemi d'ansia in precedenza tendono a rimanifestarne. Inoltre, se il benessere mentale della madre è strettamente correlato alla salute del nascituro, è comprovato anche un collegamento tra sintomi depressivi e ansiosi, durata della gestazione e peso alla nascita del neonato.

A risultare particolarmente insidioso sarebbe proprio il GAD, ovvero il disturbo d'ansia generalizzata che, col suo stato di allerta protratto nel tempo dovuto all'ormone ipotalamico CRH (corticotropin releasing hormone), stimolerebbe il rilascio di corticotropina e quindi di cortisolo. Sollecitazioni a cui sembra molto ricettivo l'utero nelle ultime fasi di gestazione. Non c'era da stupirsi, quindi, che la mia gravidanza non fosse giunta a termine. Peccato che io non sapessi niente di tutto ciò, all'epoca, e che a nessuno era venuto in mente di dirmelo. Purtroppo non era insolito che i miei medici non avessero provato a porsi in relazione gli uni con gli altri, tentando un approccio integrato alla mia fragilità psichica. Solo recentemente, almeno in Italia, cominciano a nascere servizi a disposizione delle donne gravide che soffrono d'ansia o con disturbi mentali, sportelli e ambulatori dove accedere a consulenze psichiatriche, ginecologiche, ostetriche, nonché sui farmaci che è possibile assumere in gravidanza. Se le persone affette da disturbo bipolare sono ovviamente piú esposte alle conseguenze di eventi stressanti, le donne con disturbo bipolare si sono rivelate molto vulnerabili allo stress del parto, un evento che di per sé stravolge tanto il ciclo sonno-veglia quanto, in generale, il rapporto delle madri con la società.

Fortunatamente, nell'ospedale in cui ero finita, era presente un ottimo reparto di terapia intensiva neonatale. Riccardo mi mostrò una foto che aveva scattato a Greta mentre era già in incubatrice: un esserino pieno di tubi. Cercavo di ingrandire l'immagine per vederla meglio, quando una dottoressa entrò nella mia stanza singola a pagamento. Si sedette e cominciò a elencarmi una serie di cose che non andavano nella bambina, usando per lo piú termini incomprensibili. La cosa piú grave sembrava il distress respiratorio sopraggiunto appena nata, un'apnea dovuta ai suoi polmoni non ancora perfettamente formati. Disse anche che c'era una piccola malformazione a livello cardiaco (il dotto di Botallo non era chiuso come avrebbe dovuto essere) e mi chiese se avevo fatto l'amniocentesi. Dopo avermi travolta con queste notizie proprio mentre cominciavo ad avvertire i primi dolori postoperatori, disse che ci saremmo aggiornate l'indomani mattina e se ne andò.

Credo che già a partire da quella notte, la mia testa abbia cominciato a percorrere una via propria, ingigantendo l'accaduto e immaginando esiti tragici. Mentre l'ossitocina che mi somministravano via flebo contraeva il mio utero ferito, ogni volta che un'infermiera faceva ingresso nella stanza ero convinta che mi avrebbe comunicato la morte della bambina.

Venne aprile e la sua pioggia.

Per accedere al reparto di terapia intensiva neonatale bisognava attenersi a regole rigide: lavarsi le mani prima e do-

po col disinfettante, indossare calzari, camice e mascherina.
Le incubatrici erano come strumenti di un'orchestra, incantate su un'unica nota che faceva *bip*. Potevi accarezzare il
tuo bambino inserendo le mani in due oblò della struttura di
plastica, stando attenta a non spostare i sondini. Ogni tanto
una delle macchine cominciava a suonare piú velocemente,
come una specie di antifurto, allora un'infermiera arrivava
a rimettere i fili al loro posto, e la sinfonia riprendeva il suo
corso sull'unica nota di cui era capace. C'erano bambini di
cinquecento grammi. Tornare a casa senza Greta fu orribile,
ma anche quando finalmente venne dimessa tutto era diventato davvero troppo, per me. Le tutine sporche una volta lavate non si asciugavano mai. Lei era piccola, in terapia intensiva l'avevano abituata a bere il latte con biberon speciali che
agevolavano il flusso, dal momento che i nati pretermine non
hanno sviluppato la suzione, quindi adesso non si attaccava
al seno. Allora dovevo tirarmi il latte, e per fargliene bere
quaranta grammi potevo metterci un'ora. Poi, in genere, rigurgitava. L'avevano dimessa ma c'era un fitto programma
di visite ed esami a cui andava sottoposta, per controllare
che crescesse come dovuto, che non ci fossero complicazioni.

Non ce ne furono.

Ma a quel punto la complicazione ero diventata io: ero
piombata in uno stato di allarme e avvilimento irreversibile,
in cui tutto era innaturale e spiacevole. Mi dissero che Greta
andava svegliata ogni tre ore la notte per darle da mangiare,
anche se non piangeva. Lentamente crebbe, le sue gambette non erano piú pelle e ossa, finalmente riempiva le tutine.
Ma non c'era aria di festa, mi sentivo stanca, non volevo visite. Era tutto passato. Tutto, ma non la mia angoscia.

Era il momento di tirare un sospiro di sollievo, ma non
ci riuscivo.

Mi dicevano va tutto bene, e un'infinità di altre cose, come un lavaggio del cervello. E mentre loro parlavano e cercavano di aiutarmi facendo le mie veci, la sensazione era quella
di sprofondare.

Venne maggio, ormai c'era il sole. Riccardo stava per prendere servizio in Puglia, si era associato a uno studio di altri
notai della zona in modo da essere via solo tre giorni a setti-

mana. Sbrigava le ultime formalità: presto saremmo diventati ricchi. La bambina sta bene, non vedi? Devi solo prendertene cura, dicevano. Adesso hai tutto. Ma forse io non ero programmata per avere tutto: so fronteggiare meglio le sciagure. Gli eventi di segno positivo mi spiazzano. Avevo desiderato quella bambina con tutta me stessa, e adesso che ce l'avevo fra le braccia non sapevo che farmene. Mi sentivo schiacciata dal peso della responsabilità. Stavo male e me ne vergognavo. Ero incapace di occuparmi di mia figlia, non volevo e non sapevo farlo e questo rappresentava una lettera scarlatta che portavo impressa sulla fronte.

Nel dipinto *Le cattive madri* Giovanni Segantini raffigura due donne, di cui una sullo sfondo, ciascuna imbrigliata allo scheletro di un albero. Sono immerse in un paesaggio siderale, che ben rappresenta la solitudine cui sono condannate per la loro incapacità. È molto diverso, infatti, decidere di non avere figli o non riuscire a metterne al mondo, da abdicare alla maternità una volta che la si è raggiunta. Emma Bovary resta completamente indifferente nei confronti della figlia Berthe, tanto che nella seconda trasposizione cinematografica del romanzo quest'ultima non compare affatto, ci sono solo il marito noioso fino all'inverosimile, gli amanti e i vestiti che le procaccia l'avido mercante Adolphe Lheureux. Anna Karenina è invece legata a suo figlio Serëža da un rapporto d'affetto sincero e profondo, ma questo non le impedisce di rinunciare a lui per il suo nuovo amore, Vronskij. Una scelta che la condurrà al disonore e alla solitudine, fra le braccia della dipendenza da morfina e, infine, alla morte. È un caso che entrambe, due dei personaggi letterari femminili piú celebri, si siano ritratte dalla vita familiare e siano morte suicide? O si sono imposte all'attenzione proprio in virtú della loro difficoltà ad adattarsi alla propria vita, a causa di un'inquietudine che le porta a desiderare altro? Non posso fare a meno di chiedermi quale disturbo psichiatrico si sarebbe potuto diagnosticare a entrambe. Nei manicomi venivano rinchiuse non solo le persone considerate affette da diverse forme di malattia o ritardo mentale, ma anche chiunque risultasse deviante rispetto a quanto la società si aspettava da lui o, piú spesso, da lei. Nei confronti delle donne gravava un atteggiamento severo per le inadempienze riguardanti gli ambiti coniugali e domestici, per secoli gli unici cui potessero ambire.

Per certi versi è ancora cosí.

Nel suo libro *Non sarò mai la brava moglie di nessuno*, Nadia Busato ricostruisce, a partire da una celebre foto, la vicenda di Evelyn McHale, una splendida ventitreenne che nel 1947 fece scandalo per essersi lanciata dall'ottantaseiesimo piano dell'Empire State Building di New York. Proprio quel corpo che lei desiderava distruggere e nascondere – «non voglio che nessuno mi veda, nemmeno la mia famiglia», scrive nel biglietto che lascerà prima di uccidersi insieme alla dichiarazione d'intenti che dà il titolo al libro – sarebbe diventato un'icona. La Busato tenta di ripercorrere, attraverso documenti e interviste, gli ultimi giorni di vita e le ragioni che avevano condotto la ragazza su quel grattacielo. Ma in realtà, ogni suicidio è destinato a restare un enigma, come ha ben compreso Ermanno Rea nel suo *Mistero napoletano*, in cui s'interroga, come in un'inchiesta, sul gesto di Francesca Spada, una giornalista sua collega, a partire dal diario di quest'ultima. Se *Non sarò mai la brava moglie di nessuno* sembra uno slogan femminista, anche Francesca Spada si era sottratta al ruolo di madre e moglie, per ricostruirsi una vita fino a ingoiare una quantità sufficiente di sonniferi la sera di Venerdí Santo del 1961.

Quando contattai preoccupata per le mie condizioni dopo il parto lo psichiatra delle salviette, lui suggerí di temporeggiare e non volle prescrivermi farmaci «che avrebbero compromesso l'allattamento».

Dopo circa una ventina di giorni, quando ormai avevo smesso comunque di tirarmi il latte e il mio unico pensiero era quello di uccidermi, si decise a prescrivere Zoloft e Xanax a rilascio graduale. Che a quel punto si rivelarono perfettamente inutili.

Avevo accatastato tutta la roba da portare davanti alla porta d'ingresso. Era davvero tantissima, come se sapessi che le nostre non sarebbero state ordinarie vacanze estive. Ero preda di un'agitazione insana, e per ultimare i bagagli e chiudere la casa mi erano servite delle gocce extra. Era come se tutto fosse superiore alle mie capacità.

Riccardo era ostile, o forse ero io a percepirlo tale.

Ero reduce da una visita con un noto psichiatra, un altro, che riceveva a Napoli una volta al mese. La sala d'aspetto era una grande stanza con sedie lungo le pareti. C'era molta gente, troppa, e faceva un caldo infernale. Era come se fossimo tutti in attesa di una grazia che non sarebbe arrivata. Quel giorno indossavo una camicetta di lino turchese, che mi avevano regalato pochi giorni prima, per il mio compleanno. Attendere il proprio turno in quella sala era estenuante, tanto che a un certo punto lasciai lí mio marito con la scusa di una commissione. Uscii in strada, non ricordo dove andai, cosa feci. Poi ritornai. Quando finalmente entrammo, trattandosi di una prima visita, un assistente piuttosto giovane compilò la mia scheda clinica per il professore, che arrivò solo in un secondo momento. L'assistente aveva la faccia sveglia, di uno convinto d'essere in grado di inquadrare tutto e subito, e continuava a farmi domande. Sembrò trovare di grande importanza la mia assunzione di THC, ovvero di hashish e marijuana, in maniera piuttosto frequente negli anni del liceo e dell'università. Riguardo al lavoro, risposi che ero giornalista e che solo un anno prima avevo dovuto rinunciare a un importante incarico in seguito al primo esaurimento nervoso. Farfugliai qualcosa, come per giustificarmi, dissi che sarebbe stato comunque un contratto a termine, limitato al periodo estivo, da precaria qual ero, e che quindi forse era stato meglio cosí, ma lui mi interruppe deciso: obiettò che i miei erano solo tentativi di razionalizzare l'accaduto a posteriori, facendomi sentire un'idiota totale. Forse, in quel momento, qualsiasi cosa mi avessero detto non sarei stata in grado di recepirla in maniera costruttiva: avrebbero dovuto solo farmi una cura del sonno o qualcosa del genere, mettermi in una stanza insonorizzata e spararmi in vena dei farmaci che mi facessero smettere di soffrire. Ma invece no, non venne in mente a nessuno. E cosí dovevo disperdere le pochissime energie a mia disposizione ascoltando ipotesi e incontrando nuovi specialisti e sottoponendomi a protocolli sperimentali.

Una volta di fronte al professore, raccontai dei problemi di ansia che avevo avuto un anno prima e della forte depressione *post partum* che stavo attraversando. Naturalmente, lo misi al corrente anche dei farmaci che stavo prendendo con risultati insoddisfacenti. Il professore e il suo giovane assistente chiesero allora come mi sentissi: pronunciarono la domanda, ma questa non sembrava rivolta a me e neppure a Riccardo che era al mio fianco. Era piú un'interrogazione retorica, che riguardava me, ma che si rivolgevano fra loro, perché cominciarono a scuotere la testa all'unisono e a dirsi: Eh no, non lo vedi? Questa non è una donna che sta bene. Come se non fossi seduta lí davanti, al di là della scrivania nella mia camicetta di lino turchese.

Allora il professore finalmente si rivolse a me, scandendo bene le parole, come se fossi di un'altra nazionalità, o solo su un altro pianeta, e tracciò le due linee parallele e quelle sinusoidali che oscillano, sempre piú su e sempre piú giú, fino a sfiorare e quindi oltrepassare i bordi.

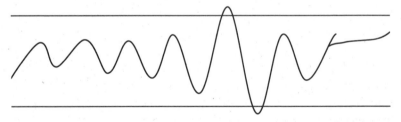

Percepivo il suo sforzo di essere chiaro (gli sembrava questo il momento adatto per fare mansplaining?), voleva proprio che afferrassi il concetto e quindi parlò mettendomi a confronto con mio marito, e durante tutta la visita tendeva a riferirsi piú a lui che a me. Disse che lo spettro delle oscillazioni umorali di Riccardo era assai piú ridotto rispetto al mio. Che verosimilmente già nell'adolescenza e negli anni successivi si erano alternati alti e bassi, che il mio umore aveva un andamento ciclotimico. Mi fece capire che quest'ultimo non era di per sé una condizione patologica, ma che predisponeva all'insorgenza dei disturbi dell'umore in senso clinico, rappresentando un'espressione attenuata del disturbo bipolare.

Ricordo che io e mio marito ci guardammo, ci guardammo per un lungo istante, come per aggrapparci l'una all'altro, davanti a noi quelle due linee parallele, a racchiudere tutta la nostra diversità. Dopo aver compilato la scheda relativa ai farmaci da assumere in quantità crescente nell'arco di un mese, e in cui niente veniva lasciato al caso (c'erano caselline per tutto, ogni effetto collaterale o aggiustamento della terapia), il professore mi consigliò un libro da leggere sull'argomento, in modo da non spaventarmi, disse.

Peccato io fossi già molto piú che spaventata.

Tornammo a casa di mia madre dove avevamo lasciato Greta. Nel raccontarle della visita scoppiai a piangere, ero sconvolta. Continuavano a rimbombarmi nelle orecchie le sue parole e tutte le altre ascoltate in quei mesi. Mi sembravano parole aggressive, contro le quali ero del tutto disarmata.

Avevano voglia di dirmi che in psichiatria stabilire una soglia tra ciò che può essere considerato «normale» o «patologico» è difficile se non impossibile: la parola «bipolare» mi faceva paura e il Depakin, che il professore aveva prescritto insieme allo Zoloft che all'epoca già prendevo, guarda caso era proprio per quello. Non cominciai mai quella cura. Comprai solo il libro: *Una mente inquieta* di Kay Redfield Jamison, una psichiatra e docente universitaria di Baltimora che racconta la sua convivenza con i disturbi maniaco-depressivi e psicotici che l'hanno accompagnata per tutta la vita.

C'era un clima di panico crescente intorno a me. Era dentro e fuori. Era ovunque.

Una volta a Pescara, le cose andarono di male in peggio. Era come un incubo dal quale non ci si svegliava mai. Aprire e chiudere il passeggino, allacciare il marsupio, abbottonare gli automatici dei vestitini. Tutto era una sfibrante prova di resistenza. Piangevo disperata, il mio viso alterato dal dolore. Davvero non credo possa esistere qualcosa di peggio. Faceva un caldo terribile, era come se il mio cervello friggesse, avrei voluto infilare la testa in una cella frigorifera. La guerra, le calamità naturali, sono cose terribili e oggettive, minacce che vengono dall'esterno e di fronte alle quali restiamo impotenti. Pur soffrendo, però, possiamo almeno cercare di scappare e di trarci in salvo. Nel mio caso, invece, ero perfettamente consapevole che il problema non era fuori, ma dentro di me. All'esterno tutto procedeva senza battute d'arresto, ma io non potevo prendervi parte.

Era come se la calamità naturale fossi io.

Mi feci visitare da quello che per semplicità chiameremo lo psichiatra numero tre. Aveva avuto in cura anche lo zio Luigi «con ottimi risultati», quindi decidemmo di provare. Disse che la mia depressione *post partum* era degenerata in una depressione psicotica, e aggiunse il Risperdal alla terapia che già seguivo. Il risperidone è un farmaco antipsicotico (o neurolettico) di seconda generazione, che rientra quindi nella categoria degli antipsicotici atipici, ovvero quelli i cui effetti collaterali di tipo extrapiramidale, cioè rigidità muscolare e tremori involontari, risultano più contenuti. Credo che la parola psicotico abbia segnato per me un punto di non ritorno, insieme a quella, terribile, di infanticidio.

Gli effetti, non sempre calcolabili, che i farmaci hanno su di noi, devono aver fatto il resto.

Lo psichiatra numero tre mi chiese se avessi mai pensato di poter fare del male alla bambina.

Risposi di no, e in effetti era vero, ma sentivo chiaramente di doverla allontanare da me, ragione per cui imploravo il ricovero. Medici e familiari temporeggiavano per non separarmi da lei, quando io in quel momento non avevo bisogno che di questo. D'altronde, mi trovavo in una condizione psichica che rendeva impossibile prendermi cura anche solo di me stessa, di quale utilità avrei potuto essere per lei in quello stato? Si può dire che io sia stata una vittima del pregiudizio verso la malattia mentale, e che questo ci abbia tratti in inganno, visto che medici e familiari evitavano di ricoverarmi per non consegnarmi all'etichetta di malata, cosa che io ero già, anche senza ricovero, e che stava per costarmi la vita. A nessuno con un attacco di appendicite in corso verrebbe in mente di non correre all'ospedale e non consegnarsi alle cure, e non vedo come si possa pensare di assumere per la prima volta dei farmaci dagli effetti tanto imprevedibili senza contemporaneamente affidarsi a personale medico specializzato.

Qui ho tentato di ricostruire gli eventi che mi hanno portata a fare quello che ho fatto, intuire la concatenazione delle scelte, malgrado molto sia dovuto al caso. Diversamente dalla *Signorina Else*, in cui Arthur Schnitzler lascia parlare la protagonista, una ragazza che decide di darsi la morte perché sopraffatta dalle richieste e dalle difficoltà della propria famiglia, questo libro è un racconto a posteriori. A differenza di quanto accade nella novella austriaca, il mio monologo interiore non precede, bensí segue l'azione, ed è per questo forse piú distaccato, portando con sé solo l'eco della disperazione e dell'angoscia che in genere conducono al suicidio.

Caduta

E poi sono caduta, ma non sono morta.

Dopo

Una ferita vivente

Davanti al reparto di rianimazione, disposti in una composizione allegorica dai toni cupi, i miei attendevano il verdetto. Sarei morta, sarei sopravvissuta? E nel caso, con quali conseguenze? Le risonanze esclusero danni spinali: c'era stata la frattura di due vertebre a livello lombare, ma si sarebbe risolta spontaneamente. Avrei camminato ancora. Dietro la nuca mi avevano messo alcuni punti per una ferita piuttosto superficiale, la parte sinistra del mio corpo doveva aver fatto da scudo. Le condizioni, tuttavia, restavano critiche, e dalle cicatrici che sono rimaste si intuisce la fretta con cui sono stati eseguiti gli interventi. Credevano che non ce l'avrei fatta. Una lesione interna e la conseguente emorragia avevano comportato la necessità di una resezione intestinale e la trasfusione di quaranta sacche di sangue. Adesso, a preoccupare i medici era la sindrome compartimentale acuta dell'arto superiore, sulla quale bisognava intervenire chirurgicamente. L'edema e l'innalzamento della pressione del braccio, il cosiddetto compartimento muscolare, avevano infatti compresso i vasi sanguigni ostacolandone la circolazione. Anche operando subito, non si potevano escludere danni permanenti alle strutture muscolari e nervose.

Una dottoressa disse in tono ottimista: Fortunatamente è il braccio sinistro. Peccato che io fossi mancina.

Di come era ridotto il braccio mi sarei accorta solo dopo. Non l'ho visto nero né ricoperto di ghiaccio per evitare il peggio, ma ingessato e immobile su un supporto di lattice che lo teneva sollevato (lo stesso sul quale sarebbe rimasto per quattro mesi, anche di notte, e che dopo la dimissione avrei portato a casa come un souvenir). Intravedevo solo la punta delle dita, prive di sensibilità, mentre fastidiosi segnali nervosi, piccole scosse elettriche, lo percorrevano. Quando ero ancora in rianimazione, un bisturi lo aveva attraversato in lunghezza, dal palmo della mano a metà avambraccio, per cercare di ridurre la pressione neuro-vascolare. Piccole incisioni erano state praticate ai tendini della mano, e un altro intervento aveva cercato di ricostruire quello che restava del mio gomito. Dopo un mese tolsero il gesso, poi i punti. La mano sinistra restava lí, sul supporto di lattice, aliena e inerte. Io la guardavo con la coda dell'occhio, molti medici la ispezionavano. Prova a muovere, prova a chiudere, dicevano: niente. Le dita erano lunghissime, nessuna traccia delle vene o dei tendini che tirano e articolano conferendo una forma. Sembrava finta, una protesi. Un guanto di gomma vuoto.

Tutto il resto progrediva, tendendo a una risoluzione piú o meno spontanea, mentre lei no.

M'inserirono un ferro nella tibia sinistra: dopo l'intervento (il postoperatorio fu dolorosissimo, erano lontani i tempi in cui la morfina mi metteva al riparo da tutto), sarei stata pronta per camminare di nuovo. In quei tre mesi trascorsi in posizione orizzontale, su diversi materassi antidecubito che si gonfiavano e sgonfiavano sotto il mio corpo per evitare le piaghe, sempre distesa, su una barella, un tavolo operatorio, una tac, un'ambulanza che mi trasportava dall'ospedale alla clinica e dalla clinica all'ospedale, attraverso i corridoi e gli ascensori e i piani e i reparti e le corsie, sempre distesa con gli occhi al soffitto, intravedere all'improvviso fra tanti pannelli e neon fulminati anche un angolo di cielo. E improvvisamente realizzare che tutto stava scorrendo senza di me, che aveva continuato a scorrere, ad accadere, i giorni e i cambiamenti climatici, le piogge e il caldo asfissiante. Nel frattempo, in clinica, due volte al giorno un fisioterapista in divisa entrava nella mia stanza per una seduta di elettrostimolazione alle gambe e le manipolazioni al braccio sinistro. In genere mi trovava addormentata. Dormivo sempre, anche a mezza mattina e nel primo pomeriggio, dormivo.

Quando venne a trovarmi in ospedale e vide come ero ridotta, mio fratello svenne. Da un po' di tempo invece tramesta con le viscere di animali in alcune performance dell'artista viennese Hermann Nitsch, di cui è diventato un assistente: immagino sia aumentata la sua capacità di sopportazione.

Mia madre continuava a comprare pigiami. Non riusciva a smettere: sembrava averci preso gusto. Alcuni non erano composti da due soli pezzi coordinati, ma addirittura da tre, con una piccola vestaglia da tenere aperta sul davanti. Paradossalmente, anche se era tutto sovvertito, avevamo una nostra routine: io in clinica o in ospedale, a periodi alterni (durante i ricoveri in ospedale venivo sottoposta a interventi e controlli, mentre in clinica c'erano i cicli di riabilitazione), e tutti gli altri fuori. Riccardo, mia madre e la bambina, con Tania, la ragazza moldava assunta come tata, si erano stabiliti nella casa di campagna alle porte di Pescara che un tempo era dei miei bisnonni. Il martedí all'alba Riccardo partiva per raggiungere il paesino pugliese che gli era stato assegnato come prima sede, e tornava il giovedí intorno a mezzanotte.

Greta cresceva, me la portavano in visita quasi ogni giorno. Notavo i suoi vestiti nuovi, che qualcun altro aveva scelto e comprato per lei al posto mio. Gli infermieri e gli altri pazienti le sorridevano, poi mi guardavano interrogativi, chi non sapeva non riusciva a darsi una spiegazione del perché fossi lí. Ma forse non ci riusciva nemmeno chi sapeva.

Malgrado i trasferimenti di reparto, dall'ospedale alla clinica e dalla clinica all'ospedale, era sempre possibile ritrovare delle abitudini, complici gli orari fissi in cui si avvicendavano gli appuntamenti della giornata. La sveglia all'alba, le medicine e le medicazioni, le visite dei medici e quelle dei parenti, la fisioterapia. A Villa Serena ero in una stanza singola, mentre in ospedale speravo sempre mi capitasse davanti un muro, perché non sopportavo di vedere gli altri pazienti nei letti di fronte. In clinica la cucina era migliore, facevano un risotto allo zafferano e una omelette niente male, gli infermieri erano nel complesso piú gentili. In ogni caso, non posso dire davvero di essermi annoiata né di aver avuto fretta di uscire: negli ospedali si chiacchiera, dall'addetta alle pulizie all'infermiera caposala tutti cercano un modo per passare il tempo.

Venivano spesso a trovarmi delle amiche: mi portavano cibo cinese, oppure la pizza. Mi facevano la ceretta, guardavamo *Chi l'ha visto* o *Desperate Housewives* alla tv. Io avevo un immenso bisogno di riposarmi e di essere accudita. E nel ricovero potevo soddisfare entrambi. Se devo pensare a una parola, mi viene in mente sollievo. Sollievo nel non avere responsabilità, nell'essere presa in carico da qualcuno. I primi tempi avevo entrambe le braccia immobilizzate, non potevo neppure sfogliare una rivista, ma la mia testa era talmente stanca che non avrei potuto farlo in ogni caso.

Qualche volta piangevo. Ma sia durante la degenza che subito dopo, i momenti di sconforto non furono troppi. Paradossalmente stavo meglio: dopo i quattro mesi *post partum* trascorsi in lacrime, mi ero liberata di quel sentimento di angoscia tanto forte e insopportabile da farmi buttare. Quasi non ricordavo cosa avevo fatto, come fossi finita lí. Gli altri però se lo ricordavano, e aleggiava nell'aria l'interrogativo di come fosse stato possibile. Ogni giorno, al risveglio, qualcuno mi pettinava e passava sul viso un batuffolo di cotone imbevuto di acqua micellare. Una mattina una delle sorelle di mia madre mi stava spazzolando i capelli, mentre parlavamo del piú e del meno, forse dei miei studi, o del matrimonio, delle cose che avevo fatto nel corso della mia vita fino ad allora. Le mani di mia zia si fermarono e mi voltai, io seduta sul letto e lei in piedi alla mia destra, il suo sguardo mi sovrastava.

E poi, chiese, che cosa è successo?

Sembrava al tempo stesso esigere e implorare una risposta. Cercava una spiegazione plausibile, la soluzione del rebus. Voleva sapere *perché*. Ma il problema era che non lo sapevo neppure io, il *perché*, cosí tutto quello che ho potuto rispondere è stato: Poi la mia vita si è come interrotta. E allora lei ha ripreso a spazzolare.

Non lo si può dire in un modo diverso. È una cosa terribile che può accadere e accade, non a tutti, fortunatamente, solo ad alcuni. La scrittrice americana Susanna Kaysen affida la sua esperienza a un diario da cui è tratto il film *Ragazze interrotte* con Winona Rayder e Angelina Jolie. A proposito della vita fra le mura di una clinica psichiatrica (la stessa che anni prima aveva ospitato anche Sylvia Plath), Susanna Kaysen scrive:

> La gente ti chiede: come ci sei finita? In realtà, quello che vogliono sapere è se c'è qualche probabilità che capiti anche a loro. Non posso rispondere alla domanda sottintesa. Posso solo dire che è facile.

Non appena fui in grado di esprimere un concetto a parole, dissi che volevo separarmi.

Non riuscivo a togliermi dalla testa che Riccardo avesse una qualche responsabilità in quanto mi era accaduto. Credo di aver cambiato idea molte volte, al riguardo. Perché anche se una ragione non c'è, o per lo meno non è unica, se ne avverte un disperato bisogno. Allora si cerca un capro espiatorio: ovviamente serviva anche a me. Cosí ho pensato tutto e il contrario di tutto. Probabilmente c'era qualcosa di sbagliato nel tipo di vita che avevo voluto. Il matrimonio, la maternità, l'essere entrata a far parte di una famiglia e di un ambiente molto piú tradizionali rispetto a quelli da cui provenivo. Eppure, le mie non erano state scelte casuali, erano cose che avevo desiderato o creduto di desiderare, e che non avevo saputo gestire una volta ottenute. C'era stato come uno scollamento fra i miei desideri e i miei bisogni. Mi ero diretta verso quanto la società si aspetta da una donna di trent'anni: la carriera e contemporaneamente la creazione di una famiglia. E questo mi aveva distrutta.

All'epoca non credo ne fossi consapevole, ma in Italia, e in modo particolare al Sud, sposarsi e avere figli continuano per una ragazza a rappresentare una scelta obbligata. Come Dawn Dwyer in *Pastorale americana*, quando dal letto di una

clinica psichiatrica si scaglia contro Seymour Levov, lo Sve-
dese, il marito perfetto, maledicendolo per tutto quello che le
era capitato, credevo di essermi ammalata a causa di Riccardo
e un attimo dopo ringraziavo che fosse lí con me.

Come ha potuto succedere, dunque, tutto *questo*? Come
ho fatto a finire *qui*? Tu, ecco come! Tu che non mi lasciavi
in pace! Tu che *dovevi* avermi a tutti i costi! [...] Tu! [...]
Questo animale *enorme* di cui non riuscivo a sbarazzarmi!
Tu, che non mi lasciavi vivere! [...] Eri come un *bambino*!
Dovevi trasformarmi in una *principessa*. Beh, guarda dove
sono finita! In manicomio. La tua principessa è in *manicomio*!

Sono stata come lei e peggio di lei. Ho incolpato lui, la
sua famiglia. Non importa se a torto o a ragione: avevo solo
bisogno di incolpare qualcuno.

Credo che almeno in una o due occasioni, quando ero in
stanze troppo piccole per potervi mettere una branda, Riccardo abbia dormito per terra, ai piedi del mio letto d'ospedale, steso su uno di quei materassini che si usano in palestra.
Nella sfortuna, sono stata terribilmente fortunata. Perché nel
momento in cui tutto ha perso di senso ai miei occhi, avevo
legami e persone per le quali la mia ripresa era indispensabi-
le. Un marito che mi amava, una bambina appena nata. Nei
mesi di ricovero ho sentito chiaramente questa necessità. Mi
ha accompagnata e mi accompagna ancora. Senza, sarei andata alla deriva.

Di contro, non posso fare a meno di pensare che se a Riccardo avessero dato una sfera di cristallo non mi avrebbe
mai sposata.

Abbiamo spesso fatto dell'ironia su questo aspetto. Lui mi
chiama *crazy wife*, io ribatto che grazie a me non si annoia.
Ma non ho mai avuto il coraggio di chiedergli: Se qualcuno
ti avesse pronosticato l'esaurimento nervoso che avrei avuto di lí a due anni, che avresti fatto? Se qualcuno ti avesse sussurrato all'orecchio che non sarei diventata niente di
quello che dovevo diventare, ma anzi mi sarei ripiegata su

me stessa, su me stessa e su di te, avresti tagliato comunque quella torta nuziale? Avresti brindato sorridente? Accettato comunque di legarti a me, scambiandoci due fedi sottili con incisi i nostri nomi all'interno? Niente, o quasi, nei miei comportamenti di allora, poteva lasciar presagire. Cosí, se mi fossi ammalata *prima*, quando ancora non eravamo legati dal vincolo del matrimonio, te la saresti data a gambe? Io, al posto tuo, credo proprio di sí. Ma il caso ha voluto che la mia mente cominciasse a vacillare solo a nozze avvenute (fregati entrambi), e che poi desse completamente di matto quando avevamo appena avuto una bambina (fregati tutti e tre). Cosa avresti potuto fare, allora?

Ho dovuto convivere con la sensazione di essere stata la sua rovina. Una moglie terribilmente difficile, capace di rendere un inferno le cose piú semplici. Ma sono stata anche la piccola moglie che, nel giorno in cui il marito compiva quarant'anni, nel suo letto d'ospedale ha scritto un biglietto con la mano destra, il primo componimento tracciato con la grafia tremolante della nuova mano.
Grazie, per tutto quello che fai.
Lui pianse.

Venne l'autunno, le giornate erano sempre piú corte. Dopo gli ultimi interventi subiti ero molto provata: magrissima e con un colorito spento. Nelle prime ore del pomeriggio la stanza d'ospedale che occupavo in quel momento era attraversata da fasci di un sole tiepido, ma questi dalla grande finestra si allungavano fino alla porta, senza incontrare il mio letto, che restava in ombra sulla parete opposta. Che desiderio, all'improvviso, di un po' di sole addosso! E invece, inchiodata lí, potevo a stento immaginarne il calore. Riccardo allora tolse i freni al letto e lasciò che le sue ruote scivolassero sul linoleum, finché non mi sistemò al centro della stanza e del fascio di luce, proprio di fronte alla finestra, che aprí. Mentre assaporavo il sole nella mia camicia da notte bianca – era una di quelle che avevo comprato per il parto, tutta abbottonata sul davanti –, il braccio sul solito supporto di lattice e una fasciatura alla gamba sinistra, lui mi mise i suoi occhiali da sole e cominciò a scattarmi delle fotografie, come se fossi distesa su qualche spiaggia caraibica.

Dopo tre mesi a letto, trascorsi come una specie di Frida Kahlo ma senza fiori in testa, cominciarono a mettermi seduta per alcune ore al giorno (ricordo la manovra necessaria a farmi sollevare il busto, posizione innaturale, tanto faticosa da farmi girare la testa. Prima la gravidanza, poi l'immobilità: i miei addominali non esistevano piú, ormai ero solo una cosa nelle mani esperte degli infermieri). La conquista della posizione seduta da quella supina: Oh! Ti sei messa seduta! Lo stesso tono incoraggiante che si usa coi vecchi, quando fanno qualcosa che non ci si aspetta piú da loro, o in generale coi malati, con le persone *in difficoltà*. Poi, verso novembre, mi hanno infilato una tuta e hanno spinto la mia sedia a rotelle fino alla palestra. Era arrivato il momento di rimettersi in piedi.

Aggrappati alla sbarra, dopo aver fatto leva sugli avambracci naturalmente, anzi sull'avambraccio, perché di fatto ne hai solo uno, adesso, l'altro non risponde ancora o forse non risponderà piú, non puoi saperlo ed è meglio non chiedertelo, perché sei troppo concentrata a sperare che le gambe ti reggano. È questo quello che ho imparato a fare, in quei mesi. Ho imparato ad avvalermi di un meccanismo mentale di selezione che entra in gioco nelle emergenze, credo, quando bisogna decidere cosa fare in poco tempo, perché ci sono cosí tanti elementi critici da affrontare contemporaneamente che bisogna stabilire una priorità. Pensare al problema piú urgente in attesa di pensare a tutti gli altri che pure restano. Quindi cercare di rimettermi in piedi, sulle mie gambe, concentrando su questa cosa la mia attenzione e le mie energie a scapito di altri pensieri, che pure sarebbero importanti e che sono cosciente di avere – devo imparare a scrivere con la mano destra; come farò a prendere in braccio mia figlia? perché io ho una figlia, una neonata di sei mesi da crescere, e devo tornare a casa; ritrovare me stessa; pensare a quello che ho fatto; cercare di capire perché; abituarmi all'idea che volevo morire e che non ci sono riuscita. E che quindi devo vivere ma che prima porca puttana mi devo rimettere in piedi. Allora, di fronte a uno specchio impietoso, mi hanno aiutata ad alzarmi. Ho guardato l'immagine di fronte a me. Il braccio sinistro era pendulo, mi faceva assumere una postura tutta sbilanciata verso quel lato. Pesava terribilmente sulla mia struttura fisica, già provata dai traumi e dall'immobilità. Era proprio un peso oggettivo, come qualcosa di estraneo, uno zaino pieno di piombo portato a spalla. Ho dovuto imparare a camminare con questa zavorra. Imparare a farlo di nuovo, perché il corpo dimentica gli schemi che rendono automatico alzarsi in posizione eretta e porre un piede davanti all'altro. Ero tutta scoordinata, e il piú piccolo movimento mi costava un'enorme fatica. Ma avevo anche dei punti a mio favore: ero giovane, e grazie all'elevato tasso di elastina della mia struttura fisica – e di cui dovevo ringraziare i miei geni – le articolazioni e le cicatrici si erano mantenute piuttosto flessibili.

Nella piscina a sette vasche della clinica mi muovevo senza peso. Era circondata da vetrate sul verde e mentre io avanzavo lentamente, un piede dopo l'altro, le foglie all'esterno cambiavano aspetto. Sedia a rotelle, girello, due stampelle, infine una sola. Dopo alcune settimane d'esercizio, ripresi a muovermi autonomamente. A causa del mio volo ho visto il mio corpo cambiare. Mi hanno squarciata, toccata, suturata, guardata come un organo che non funziona. Ho potuto confrontarmi con la sensazione di avere un arto che non risponde, tu vuoi muoverlo e lui resta lí, fermo. Sento di poter affermare in misura abbastanza certa che nessun dolore fisico, nessuna debolezza legata al corpo, nessun cedimento di una parte di noi è paragonabile all'avere la testa che non funziona. Perché se la testa non risponde, tutto il resto è inutile.

Ci sono altre due cose che ho imparato, di cui ho potuto fare esperienza diretta, durante il ricovero e subito dopo. Che ci si abitua a tutto. E che ci si rialza.

Soffrivo cercando di lamentarmi il meno possibile, perché non mi sentivo autorizzata a farlo, dal momento che la causa del mio male ero io, che avevo danneggiato me stessa riducen-

domi in quello stato. Ma come scrivevo in uno dei miei diari
in tempi non sospetti, «qualcosa viene sempre a salvarti». E
se ripenso al mio ricovero, i nomi stessi sembrano tracciare
un percorso salvifico. Mi trovavo in una clinica specializzata
in terapie riabilitative e post-trauma: Villa *Serena*. Anche mio
zio Luigi ci era finito e vi incontrò l'assistente sociale che sarebbe diventata sua moglie. Io, invece, durante il ricovero conobbi la dottoressa Anna Maria Pace: somigliava vagamente a
Diane Keaton, aveva lo stesso sorriso possibilista, e sin dalla
rianimazione veniva a trovarmi tutti i giorni per vedere come
stavo. Finché una volta, invece di restare in piedi, si sedette
al fondo del mio letto. Parlammo a lungo, e mi spiegò con calma la mia fragilità, non saprei ripetere le sue parole – era un
linguaggio medico, e tuttavia comprensibile –, qualcosa che
aveva a che fare con le ripercussioni che gli sbalzi ormonali
avevano sulla mia testa. Ricordo che la sua voce era come una
carezza, mi consegnava un segreto importante da conoscere e
che voleva mi restasse impresso: era difficile, sí, ma lo pote-
vamo affrontare. Disse che non avrei dovuto avere altri figli
perché sarebbe stato un rischio, per me. Disse che purtroppo
era cosí, ma che non era tutto sbagliato, e che non era finito.

La dottoressa Pace parlò di un farmaco che voleva prescrivermi, e che era certa mi avrebbe aiutata. Il suo nome
mi sembrò subito molto evocativo: *Lyrica*. La sensazione
era quella che distendesse i miei nervi, non come un ansiolitico, però: era come se agisse a un livello piú profondo.
Credo di non aver mai dormito tanto come nel breve periodo in cui lo prendevo al dosaggio massimo di 600 milli-
grammi al giorno.

La dottoressa mi disse che il mio gesto non cancellava
quanto avevo fatto in passato né rappresentava ciò che ero
nella mia totalità, quindi non avrei dovuto lasciargli prendere il sopravvento su tutto il resto. Tu non sei quello che
hai fatto. È solo una cosa che ti è successa, ripeté. Feci
cenno di sí.

Le dimissioni furono fissate per i primi di dicembre. Ero stata di parola: avrei varcato la soglia di casa sulle mie gambe. Malgrado questo, il rientro rappresentava un momento *molto delicato* – ma posso dire che ormai la mia vita è tutta un susseguirsi di momenti *molto delicati*.

Negli ultimi giorni di ricovero chiedeva spesso come mi sentissi rispetto alle dimissioni. Avevo paura. Ero in cerca di qualcuno che potesse seguirmi al rientro a casa, sin dai primi giorni, e naturalmente non avevo alcuna intenzione di tornare dalla psicologa né dagli specialisti che mi avevano avuta in cura precedentemente. Dissero che per me era utile un approccio cognitivo-comportamentale e suggerirono il nome di uno psichiatra. Mi fidai e composi il numero. Al momento delle dimissioni, quando oltrepassai per l'ultima volta i cancelli della clinica senza guardarmi indietro, avevo già un appuntamento fissato per qualche giorno dopo.

Il ritorno alla quotidianità fu graduale. Nell'ultimo periodo di ricovero, quando ancora camminavo con l'aiuto di una stampella, la domenica tornavo a casa. Una mattina Riccardo venne a prendermi, c'era il sole e andammo a pranzo fuori io e lui, sulla riviera di Pescara. Credo fosse la prima volta che uscivo. Avevo trascorso quattro mesi in stanze e corridoi d'ospedale, ambulanze, TAC e sale d'aspetto. Era strano ritrovarmi al tavolo di un ristorante, con un menu davanti e il cameriere che aspettava le ordinazioni. Come pure indossare qualcosa di diverso da un camice, uno dei molti pigiami comprati da mia madre o una tuta per la riabilitazione. Camminavo piano, mi stancavo subito. Ero debole. Ho rivisto alcune foto scattate in quei mesi, e devo ammettere che malgrado il buio della mia mente e tutto quello che il corpo aveva dovuto subire, i lineamenti del viso erano sempre gli stessi. C'erano solo i due segni sul collo, lasciati dal sondino per l'alimentazione, che sarebbero scomparsi dopo un po'.

In seguito, quand'ero di nuovo a casa ma le mie giornate consistevano ancora in riabilitazione, visite mediche ed esami, ho preso coraggio e ho aperto la mia cartella clinica. Cercavo di decifrare le annotazioni dei medici nelle pagine che riguardavano l'inizio del ricovero, quando le mie condizioni erano state piú critiche. Fra le cause del trauma, un'anonima crocetta barrava una casella dalla dicitura sinistra: AUTOLESIONE O TENTATO SUICIDIO. Vederlo scritto a chiare lettere mi fece rabbrividire. Ho riaperto il faldone solo adesso, dopo piú di sei anni, per scrivere questo libro. Ho guardato le lastre, le ho ruotate da ambo i lati senza capirci un granché. Allora le ho buttate via. Ho cercato di decifrare il modo in cui quelle mille pagine parlano di me, di stabilire fino a che punto ancora mi riguardano. I dati raccolti all'ingresso mi riferiscono *cosciente* e indicano impietosi: riferita caduta da un quarto piano, paziente in stato soporoso da iniziale shock. Poi, il lungo elenco dei danni riportati, nella sbrigativa diagnosi di pronto soccorso:

> Politrauma con frattura complessa del bacino e lesione vescicale, contusioni polmonari e fratture costali, lesione epatica, peritonite diffusa da perforazione del digiuno, frattura esposta tibia sinistra, pluriframmentaria omero destro, scapola sinistra, e polso destro e clavicola sinistra.

DIARIO CLINICO – SETTORE URGENZE

Si richiede TAC Total Body con e senza mezzo di contrasto.

Monitoraggio stato di coscienza:

Paziente pallida, sedata ma facilmente risvegliabile.

Ha riposato a tratti.

Lamenta dolore diffuso. Aumentata sedazione. Miglioramento.

Riferisce dolore agli arti superiori.

Eseguita con beneficio terapia infusionale antidolorifica.

No febbre. Lieve sedazione in corso. Respiro spontaneo.

Si rileva abbondante quantità di versamento in sede periepatica, nel recesso epato-renale, tra le anse intestinali e nello scavo pelvico. Anemia postemorragica acuta.

Controllo postoperatorio di già note fratture in trattamento.

Sulle prime, la morfina rendeva tutto ancora possibile, e i desideri cancellavano le conseguenze. In seguito, i problemi fisici mi hanno salvata, perché mi hanno distratta. Quando mi tolsero le sacche per l'alimentazione, dopo un mese circa di ricovero, mi ritrovai con una forchetta in mano. Fu un momento terribile. Ricordo la sensazione innaturale, il freddo del metallo contro il pollice e l'indice della mano destra. Anche una volta tornata a casa, avrei dovuto imparare a fare un mucchio di cose con una mano sola. Vestirmi – la manovra necessaria a togliermi le maglie è ancora oggi quella tipica dei maschi, che se le sfilano via prima dalla testa; allacciarmi le scarpe – impossibile: quindi o senza lacci oppure, su quelle da ginnastica, stringhe tenute piú larghe per non doverle slacciare; stare a tavola – una bambina a cui bisogna sbucciare la frutta; truccarmi; lavarmi i capelli – i primi tempi veniva una parrucchiera a casa due volte alla settimana, finché il bisogno di autonomia prevalse; scrivere – la mia splendida calligrafia, perduta per sempre; guidare – dopo due anni di taxi, ho preso una macchina col cambio automatico. Mi toccava inventare continue strategie motorie, anche per infilarmi il cappotto o pagare un caffè.

Vidi un fisiatra, parlammo dell'utilità della terapia occupazionale. Era ferrato sull'argomento anche per ragioni personali: mi confidò che molti anni prima, quando era giovane, aveva perso una gamba a causa di un incidente in moto e portava una protesi. Mi assicurò che se ero dotata di un'intelligenza appena sufficiente, avrei trovato il modo di riprendere a fare le cose anche da sola.

Non frequentai la terapia occupazionale. Lentamente ho ripreso a fare da sola tutto o quasi, a eccezione delle cose che non mi interessava riprendere a fare.

La prima notte in cui venni dimessa, nei primi giorni del dicembre 2012, dormimmo nella casa di campagna; l'indomani saremmo tornati a Napoli. Greta stava nel suo lettino ma a un certo punto, nel corso della notte, deve essersi svegliata senza che me ne accorgessi. Questo non deve stupire, perché il mio sonno con i farmaci è profondo quasi quanto un coma: se mi capitasse di vivere un terremoto, con buone probabilità potrei continuare a dormire indisturbata sotto le macerie. Riccardo prese Greta e la mise nel nostro letto, accanto a me, e io ho sentito nel buio questa cosina che si muoveva emettendo piccoli versi.

Ed è stato come se fosse nata in quel momento.

Negli anni successivi, ho provato a fare di lei il mio baricentro. Ma non ci sono riuscita. Il nostro rapporto è cresciuto, piú diventa grande e piú ne apprezzo la compagnia. In ogni caso, il passare del tempo ha sempre rappresentato un sollievo, per me. Lei è cresciuta confrontandosi con i miei nuovi limiti, per lei ci sono sempre stati, perché prima non mi conosceva. Sapeva che prenderla in braccio mi costava enorme fatica, perché, come aveva imparato a dire già verso i due anni, *hai la mano rotta*. Dalla spalla in giú, il braccio sinistro ciondolava lungo il mio corpo. Potevo sollevarlo, ma la mano e il polso restavano cadenti, mentre il gomito potevo fletterlo solo in maniera passiva, grazie a una ridicola manovra dell'avambraccio in cui utilizzavo il suo stesso peso.

C'erano limiti fisici, limiti psichici. Speravo sempre che dei suoi primi quattro mesi di vita, quelli in cui ero stata peggio, non ricordasse nulla. Pregavo non mi ricapitasse, lo speravo per me e per lei.

Entra in bagno, senza bussare. Se non sono ancora a letto, quando torna da scuola mi trova chiusa lí: mi sono appena alzata e sto facendo la doccia. Guarda le mie cicatrici. Come te le sei fatte, chiede. Ha cominciato a farlo molto presto, già verso i tre, quattro anni. Rispondo che sono caduta. Quando eri piccola? No, ero già grande.

E dove sei caduta? A Pescara, a casa di zia Lalà. Ti fanno male? No. O meglio, in un certo senso sí. Ma questo non glielo dico.

Temevo a ogni passo che Greta mi assomigliasse. Una volta, a un vicino che trovava la piccola intelligente, ricordo di aver risposto: Speriamo che lo sia il giusto, non di piú.

Provavo e provo una pena infinita per entrambe: niente ci restituirà quanto abbiamo perso.

Quando ero una ragazzina, mia madre tornò a casa con il VHS di un film francese su cui una sua studentessa stava facendo la tesi. Aveva una colonna sonora bellissima e si chiamava *Betty Blue*. Parlava di un'appassionata storia d'amore, quella fra Betty e Zorg, un aspirante scrittore, che naturalmente finiva in tragedia. Il titolo originale del film, in realtà, comprendeva anche il sottotitolo ($37°2$ *le matin*), che indica la temperatura corporea presente nella donna quando si instaura una gravidanza.

In effetti sarà proprio l'attesa di un figlio, e la perdita dello stesso a causa di un aborto spontaneo, a determinare il crollo psichico di Betty, sin dall'inizio scossa da emozioni tanto violente quanto incontrollabili. Questo per dire che in alcune donne dall'equilibrio labile e delicato, quella della maternità può essere un'esperienza impossibile da affrontare. Che le trova sprovviste e inequipaggiate, il contrario di quello che ci si aspetterebbe da una madre.

E loro? I bambini ci guardano, d'accordo, ma quanto capiscono? Fino a che punto possiamo trarli in inganno? Un sorriso teso e una frase di circostanza basteranno a distogliere il loro sospetto? Non ne sono convinta, perché i bambini sentono. Scovano le nostre fragilità come cani da caccia. Per quanto doloroso, è piú naturale che sia una madre a individuare e contenere le fragilità del figlio, che sia una madre a soccorrere e non viceversa.

Uno dei piú noti giornalisti e conduttori televisivi italiani, Massimo Gramellini, è il figlio di una suicida. Di quest'evento tragico non ha fatto un mistero, raccontando la morte della madre avvenuta quando aveva nove anni, e la verità appresa solo in età adulta, nel libro *Fai bei sogni*, cui si è ispirato Marco Bellocchio per l'omonimo film.

In questa storia il figlio viene protetto e tenuto all'oscuro del gesto della madre. Di questa omissione, però, rimprovera in seguito i familiari, e a sua volta sarà criticato per aver deciso di scrivere di questa morte violenta e delle sue circostanze.

La nostra grande casa di Napoli – la stessa che odiavo e in cui mi ero ammalata – ci aspettava.

Era rimasta vuota per cinque mesi, i gelsomini sui balconi erano morti. Ricordo ancora lo stato misto in cui mi trovavo il giorno della partenza, avvenuta all'inizio del mese di luglio. Quando finalmente ritornammo, tutti erano molto attenti, con me. Ero come una cosa molto fragile, che poteva sgretolarsi da un momento all'altro. La dottoressa avvertí mia madre e Riccardo che il ritorno poteva rappresentare un momento piú critico della degenza stessa. Cercammo di ristabilire una routine. All'epoca Riccardo lavorava ancora in Puglia, cosí la domestica dormiva da noi quando lui era via. Greta aveva otto mesi, mangiava le pappe, presto il nostro salone divenne pieno di oggetti per farla giocare. Finalmente sembrava meno vuoto. C'era un grande tappeto francese che mia suocera aveva fatto restaurare per noi. Poi ci regalarono un box all'interno del quale la piccola poteva essere lasciata in compagnia dei suoi pupazzi. Le piaceva ascoltare un cd di canzoncine che avevo comprato quando ero ancora incinta, con *Stella, stellina* e altri classici per bambini.

I primissimi tempi veniva un fisioterapista a casa, facevamo esercizi per il mio tono muscolare e di mobilitazione della mano sinistra. Era ancora come morta. Le ultime falangi sempre piú sottili e le unghie arcuate dalla mancata innervazione. Quando la tenevo giú per troppo tempo assumeva anche un inquietante colorito bluastro. A partire dal mese di gennaio, cominciai a frequentare un centro di riabilitazione convenzionato con l'azienda sanitaria locale. Ci andavo ogni mattina, dal lunedí al venerdí, per una seduta di fisioterapia neurologica e una di elettrostimolazione, che mi spettavano gratuitamente. Il mio fisioterapista si chiamava Pippo, era un tipo simpatico, e per mesi ha continuato a massaggiarmi con oli specifici la lunga cicatrice che attraversa il mio braccio sinistro, la stessa che mi ha permesso di non perderlo.

Il Centro Manzoni era frequentato da varia umanità affetta da problemi piú o meno gravi. Credo che i tre anni trascorsi fra quelle mura mi abbiano aiutata molto. C'erano persone claudicanti o in sedia a rotelle accompagnate da srilankesi, molti bambini con sindrome di Down, autismo o in terapia con logopedisti. I loro genitori erano seduti ogni giorno sui divanetti della sala d'aspetto al piano terra. Ci scambiavamo un cenno di saluto. Nel reparto neurologico, al quale ero stata assegnata, i pazienti avevano quasi tutti diagnosi di sclerosi multipla o esiti di ictus. C'era una signora in sedia a rotelle, dal viso allegro e paffuto. Ignorando i reali motivi per i quali ero lí, una volta uno dei fisioterapisti mi disse a bassa voce, mimando con la mano che era fuori di testa, che si era buttata dal balcone.

Purtroppo banalizzare o ridicolizzare il suicidio rientra nel linguaggio comune. Espressioni come «buttarsi dalla finestra», «tagliarsi le vene», «impiccarsi» sono di uso corrente. Io stessa devo averle usate diverse volte, quando l'idea di farmi fuori era ben lontana da me.

Presto mi dissero che se volevo recuperarne almeno in parte la funzionalità, il braccio sinistro andava operato ancora. Nuove cicatrici avrebbero attraversato la mia pelle. Dopo un'attenta ricognizione fatta di internet, telefonate, consigli e pareri, c'indirizzammo al Policlinico di Modena, dove c'era un dipartimento specializzato in chirurgia della mano diretto da un neurochirurgo esperto in microchirurgia e innesti nervosi. Cominciarono i pellegrinaggi: partivamo presto in treno e scendevamo a Bologna, dove riceveva a pagamento in una clinica privata, con parcelle altissime per ogni visita. Le prime volte mi accompagnava sempre qualcuno, mia

madre o mio fratello o, quando non era in Puglia, Riccardo.
Quasi tutte le volte ci incontravamo anche con Marco, un
mio cugino che viveva a Parigi ma che era spesso a Bologna
per lavoro (lo stesso che, quando ero ricoverata a Pescara,
mi portava in ospedale ogni tipo di caramelle gommose e mi
regalò subito un tablet col quale potessi scrivere e collegar-
mi a internet). È una delle persone che ho sentito piú vicine
in quel periodo, ma manifestazioni d'affetto e partecipazio-
ne arrivavano da ogni dove. C'erano lettere, santini e amu-
leti che mi portavano le persone in visita o che mi venivano
recapitati in ospedale. A Bologna, spesso mio cugino veniva
a prenderci alla stazione, ricordo le sue domande gentili nel
silenzio dell'abitacolo. Alla prima visita col neurochirurgo
mi accompagnarono lui e Riccardo. Ce ne stavamo tutti e tre
schierati davanti a lui, come un'entità a tre teste, io al centro e loro stretti ai miei fianchi come due guardie del corpo.
Loro gli spiegarono che avevo fatto un volo di dodici metri
e tutto il resto. Lui mi guardava un po' in imbarazzo, chiese
come stava la bambina, rise sollevato e disse che potevo spo-
gliarmi per la visita. Il suo sguardo mi attraversò, soppesan-
do le spesse cicatrici.

Lei è una ferita vivente, disse. Come dargli torto.

Osservava il braccio martoriato come se potesse guardarci
dentro, mentre io cercavo di flettere e piegare obbedendo alle
sue indicazioni, e alla fine disse che con un trapianto nervoso autologo (mi avrebbero sfilato dalla gamba destra il sura-
le, nervo sensoriale presente nella regione del polpaccio), un
lasso di tempo medio di cinque anni e molta riabilitazione,
avrei riacquistato una *funzionalità bi-manuale*. Ancora una
volta si tirava in ballo la mia capacità di funzionare. Vennero
prescritti numerosi esami preintervento, fra cui una risonanza magnetica che andava fatta a Brescia. In quell'occasione
viaggiai sola, all'aeroporto di Milano venne a prendermi la
sorella di mia madre che viveva lí. Cenammo a casa sua insieme al marito, dove cercai di fare del mio meglio per tagliare
il cibo con la forchetta. Stare a tavola era diventato senz'altro piú complicato, per me. Anni dopo, la stessa zia mi rac-
contò che fu uno shock vedere la manovra con cui portavo
la mano sinistra sul tavolo, per lasciarla composta e del tut-

to inutile accanto al piatto che avrei svuotato con difficoltà. All'epoca, mi limitavo ad afferrarla con la destra e a metterla nella posizione in cui volevo che restasse. La sua non fu l'unica constatazione che mi arrivò a posteriori. Quando ormai avevo recuperato la capacità di piegare il gomito e flettere il polso del braccio sinistro, mia zia Lavinia ricordò che, prima dell'intervento, quando dalla spiaggia correvo verso la riva magari inseguendo Greta il braccio sinistro che normalmente ciondolava lungo il corpo prendeva a ballonzolare formando ridicole figure ellittiche nell'aria.

Durante la prima visita, nella cartella dove annotava informazioni utili ai fini dell'intervento e prescriveva esami accurati, il neurochirurgo scrisse impietoso «politrauma da precipitazione», dicitura che, al pari della crocetta barrata dai medici del pronto soccorso, mi faceva vergognare. All'epoca ero sicuramente molto fragile e suscettibile, ma quando mi ritrovai di fronte alla fisiatra incaricata di visitarmi – una delle molte visite propedeutiche all'intervento, alcune delle quali di pura formalità – e la vidi scrivere sulla mia scheda «si è lanciata dal quarto piano» fu come una pugnalata.

Credo che la decisione di non dire, che la mia famiglia prese mentre io non ero ancora in grado di decidere alcunché perché intubata in rianimazione, sia stata sbagliata ma al tempo stesso utile. Almeno in un primo momento. Non parlavamo di quello che era accaduto, gli altri in genere non chiedevano, per tatto. Ufficialmente ero vittima di un *incidente* dai contorni non definiti. Prima dell'*incidente*, poi c'è stato l'*incidente*, dicevamo. L'*incidente*, quello che spiegava tutto e niente, astratto e avvolto da un alone di mistero. Mia madre, Riccardo, mia zia, i parenti e gli amici piú vicini assunsero un atteggiamento di protezione sull'accaduto: chi voleva capire capiva, ma non si facevano domande. Particolare, quest'ultimo, al quale non si attenevano però gli sconosciuti, o almeno non tutti.

Già durante la riabilitazione a Villa Serena, presa d'assalto da vecchi in cerca di protesi per le anche, dovetti imparare a difendermi dall'invadenza. Mi si notava per l'età notevolmente piú bassa rispetto alla media, e quando eravamo in fila per la piscina o le terapie, quasi tutti chiedevano: Che hai fatto, sei caduta dal motorino? Io annuivo, o alzavo gli occhi al cielo. Loro scuotevano la testa in segno di rimprovero, o di rassegnazione, io gli lasciavo credere quello che preferivano. D'altronde, cosa avrei potuto dirgli?

Diversamente da quanto ci si sarebbe aspettati, a darmi problemi non era tanto il braccio sinistro, che nella sua immobilità percepiva poco e niente, ma il destro, a causa del sovraccarico. Si infiammava. Era il braccio sano, l'unico che poteva garantirmi una qualche autonomia dopo mesi di dipendenza dagli altri in tutto e per tutto, ma aveva comunque subito una doppia frattura, e altrettanti interventi, al polso e alla spalla. E adesso si ritrovava a dover fare tutto per due.

Come ricorda uno dei molti siti online di approfondimento, «una lesione del plesso brachiale rappresenta un evento che cambia la vita di una persona». Come negarlo? Malgrado l'intervento di innesto nervoso e gli anni di riabilitazione, la mano sinistra è migliorata e forse continuerà a farlo, ma non tornerà mai com'era prima. Esattamente come me.

L'ospedale di Pescara, lo stesso che mi ha salvato la vita, si trovava a poche centinaia di metri dal punto da cui mi sono buttata, il che, considerato il mio intento di allora, era un dettaglio di cui avrei dovuto tenere conto. Chi tenta il suicidio e studia una strategia per farlo in maniera efficace, sa che l'essere soccorsi in tempi brevi, il piú delle volte, fa la differenza. Ha poco senso ingoiare delle pillole o tagliarsi le vene immersi in una vasca da bagno, se in casa c'è qualcuno che potrà accorgersene e dare l'allarme in tempo utile.

Dunque, volevo essere salvata?

Non saprei rispondere, e lo stato mentale in cui mi trovavo allora non mi è di aiuto adesso, nel ricordare, né deve avermi aiutata all'epoca nel considerare tutte le condizioni necessarie affinché il mio gesto raggiungesse lo scopo. Fatto sta che io precipitai in pieno giorno, con mia zia che era con me nella stessa casa, e che quest'ultima si trovava nei pressi di un ospedale. Come ho già detto, malgrado l'impatto non persi conoscenza, o forse la persi solo a tratti, sentivo quello che accadeva attorno a me e seppi subito di non essere morta. Semplicemente, avevo fallito, e ho dovuto fare i conti anche con questo. Il mio psichiatra sostiene che non si è trattato di un *suicidio dimostrativo*, ovvero di un tentativo volto a richiamare l'attenzione piú che a procurarsi la morte. I suicidi dimostrativi, infatti, adoperano spesso metodi blandi, o per cosí dire *soft*. Non tutti i modi di farsi fuori sono uguali, infatti, e si può facilmente abbozzare una graduatoria che li distingua in termini di lesività del gesto. Spararsi in testa un colpo di arma da fuoco o impiccarsi, ad esempio, sono senza dubbio metodi piú crudi e violenti dell'ingerire pillole o del chiudersi in una macchina accesa con un tubo di scappamento inserito nell'abitacolo. Si tratta di una differenza sostanziale non solo per chi decide di uccidersi, ma anche per chi si presume troverà il corpo.

Anche in questo momento, mentre sto scrivendo questo libro, alcune persone stanno togliendosi la vita. Che si tratti di un conoscente, di un noto chef, di un giovane dj o di una Femen poco importa: ci si domanderà il motivo. Perché ci sono quelli che si uccidono. E poi, la folta schiera di quelli che restano.

Nel suo cortometraggio *The Darkness of Day* il film-maker americano Jay Rosenblatt, che da sempre lavora con scarti di filmati altrui, affronta il tema attraverso una serie di stralci tratti dal diario di un uomo depresso, intervallati dalla voce narrante. Si tratta di un vero e proprio saggio visivo sulle reazioni che il suicidio provoca in coloro che continuano a vivere. Perché, come afferma Joan Didion: «I superstiti si voltano indietro e scorgono presagi, messaggi di cui non si sono accorti. [...] Vivono di simboli». Recentemente l'attrice e cantante Charlotte Gainsbourg ha dedicato alla sorella perduta un brano del suo album *Rest*, intitolandolo proprio come lei: *Kate*. «Avevo bisogno di parlarne, l'ho fatto per salvarmi, ed era un modo per far sí che facesse ancora parte della mia vita», ha dichiarato in un'intervista. Per salvarsi, la Gainsbourg ha dovuto anche mettere una distanza fisica fra sé e Parigi, la città in cui Kate aveva deciso di uccidersi. Nel testo della canzone ricorda i suoi capelli di cenere, l'anima troppo tenera e, ancora, quanto l'averla perduta per sempre le abbia spezzato il cuore. Le emozioni nei confronti del suicida sono quasi sempre ambivalenti: pena, rimorso, biasimo. A me è toccato riversare tutto questo nei confronti di me stessa. Ho riconsiderato le mie scelte, cercato l'errore e la causa. Provato una pena e una rabbia infinite.

Di suicidio si continua a parlare piuttosto poco e, quando lo si fa, il dibattito è puntellato di luoghi comuni. A proposito della serie americana *Tredici*, in cui l'adolescente Hannah Baker si taglia le vene e consegna a tredici registrazioni i motivi che l'hanno spinta a farlo, il giornalista Antonio Polito scrive che, «nella trasformazione in fiction di tragedie individuali come quella del suicidio, l'analisi delle cause finisce sempre e inevitabilmente per lasciare il campo a una dimensione glamour, a un'idealizzazione dei personaggi: trasforma il dramma in epica, e fa della vittima un eroe».

Si parla spesso di prevenzione del suicidio. E altrettanto spesso, magari senza notarle, passiamo accanto a misure antisuicidarie predisposte *ad hoc*: binari della metropolitana schermati, speciali transenne e filo spinato sulla cima di monumenti e grattacieli. Anche da un punto di vista comunicativo, l'Organizzazione mondiale della sanità ha messo a punto una serie di linee guida che riassumono una modalità responsabile di affrontare il tema del suicidio, soprattutto da parte degli organi d'informazione, ossia evitando il sensazionalismo, ma anche la normalizzazione (come se suicidarsi fosse un «modo ragionevole di risolvere i problemi»), e in generale tenendo sempre presente che comunque, statisticamente, la segnalazione dei media può portare a un comportamento imitativo.

Eppure, malgrado specifiche campagne di informazione e alcuni accorgimenti precauzionali sembrino ridurre il numero dei morti, spesso chi commette suicidio ha visto un medico o contattato un servizio di salute mentale nei mesi appena precedenti la sua morte. Questo dato ridimensiona l'impatto di programmi di assistenza e centri per l'ascolto come misure preventive, come pure dei «contratti di prevenzione del suicidio» con l'impegno a non danneggiare se stessi o a non mettere in atto gesti anticonservativi che alcuni clinici fanno firmare ai propri pazienti a rischio.

Purtroppo i comportamenti umani rifuggono le statistiche e sono prevedibili solo in una certa misura. Il disagio e il dolore, quando altrui, diventano difficili da quantificare: si finisce per non comprenderne l'intensità. E come vale forse per ogni esperienza, chi non ci è passato a stento può comprendere. Cosí il gesto piú tragico diventa folle, oppure fonte di chiacchiere, perfino ridicolo. Lo stesso Cesare Pavese, nel 1950, scriveva nel suo celebre biglietto di addio: «Non fate troppi pettegolezzi», dando per scontato che il suo gesto ne avrebbe alimentati. Ma le ragioni che vi possono condurre sono molteplici, e non tutte folli.

Convalescenza

Sono veramente stufa di essere definita pazza per la sola ragione che non tollero le cose che quasi tutti tollerano.

HEATHER MCGOWAN

Mi dispiace contraddirti, caro Kanye West. Quando dici «I hate being bi-polar. It's awesome», «Odio essere bipolare. È fantastico», sarà forse il tuo status di star a mitigare alcuni aspetti del disturbo che condividiamo. Tuttavia se lo sei davvero, bipolare, sarai costretto a prendere farmaci e a misurarti ogni giorno con sintomi ed effetti collaterali. Quindi no, essere bipolare è tutto meno che fantastico, purtroppo: non te la cavi con un gioco di parole. E non posso fare a meno di credere che in fondo ne sia consapevole anche tu. Altrimenti non amerei cosí tanto il tuo brano *Waves don't die*, in cui canti di onde che non finiscono, né si fermano, e con le quali non possiamo fare altro che imparare a convivere.

Pare che il mio disturbo bipolare sia di tipo due: questo significa che non attraverso vere e proprie fasi di mania, ma solo di *ipomania*, in cui non do completamente di matto e mi limito a essere solo su di giri: sono piú disinibita, piena di energie e di voglia di fare, capace di pensare molte cose molto velocemente. Si tratta di momenti legati alla progettualità, che mi consentono di essere produttiva, in cui riesco a scrivere cose buone, che mi lasciano soddisfatta, come questa qui. Magari mi sbaglio. Sono fasi in cui posso risultare faticosa, in cui «non si riesce a starmi dietro» e aumenta la mia irritabilità: è come se avessi un nervo scoperto. Questi momenti durano giorni, a volte mesi, non c'è una regola, ma precedono sistematicamente quelli di depressione, in cui sono come svuotata e tutto mi sembra inutile: il mio lavoro e i miei sforzi e la mia vita. Ne sono consapevole, e tuttavia posso affermare che senza fasi ipomaniacali non saprei davvero come andare avanti. Certo, quando la testa va a mille sperimento anche dei contro: non riesco a smettere di scrivere, non riesco a smettere di chattare, posso diventare molesta, aggressiva, dire o fare cose di cui mi pento. Divento molto sicura di me, anche troppo, come se avessi un superpotere che mi rende invincibile, irresistibile, onnisciente. Riccardo dice che vado in *overload*, il mio cervello diventa un motore che fa troppi giri. I farmaci mitigano tutto questo, ma le fasi ci sono. Ci sono sempre state. Ho imparato a riconoscerle. In generale, tendo piú al basso che all'alto, particolare che mi fa sembrare meno matta agli occhi degli altri (ma anche divertire molto meno). Le fasi basse, in cui mi sento una cosa vuota che arranca, quelle davvero non ve le auguro. Soprattutto se si hanno delle scadenze da rispettare o una bambina che reclama attenzione o un marito che torna a casa per cena.

Non voglio nascondermi dietro l'etichetta di un disturbo psichiatrico. Al di là della diagnosi, ci sono il mio temperamento e la mia visione delle cose. Prendiamo la positività: non riesco a non pensare che le persone ottimiste siano in realtà un po' stupide. Vivo molto male qualunque tipo di obbligo che abbia a che vedere con la formalità. Ho delle strane abitudini: mai a letto prima delle due, difficilmente in piedi prima di mezzogiorno. I cattolici mi fanno venire l'orticaria. Per certi versi li invidio, anche se trovo la fede una cosa davvero ottusa, ideale per menti anestetizzate, che hanno rinunciato a porsi domande.

Mentre ero ricoverata, a furia di ricevere da chi veniva a trovarmi santini e rosari e madonnine, credo di aver attraversato una breve fase mistica. Ero davvero molto provata dai diversi interventi e dalla degenza che ormai durava da un po', quando cominciai a formulare strani progetti. Strani rispetto alla mia educazione laica e alla distanza che ho sempre sentito rispetto alla Chiesa: durante la fase mistica in ospedale, dissi a Riccardo che, una volta dimessa, avrei voluto sposarmi con lui anche in chiesa. Solo alcuni anni dopo, mi confidò che quella richiesta durante il ricovero, cosí distante dalla mia visione, gli aveva fatto credere che davvero non ci fossero possibilità di recupero e ne abbiamo riso.

Dalla mia caduta, anche senza dircelo apertamente, ricordiamo il 26 di luglio. Ogni anno sembra un traguardo, un altro anno trascorso senza che io sia stata (troppo) male di nuovo. Il 26 di luglio è anche il giorno di Sant'Anna. Mia madre si chiama Anita (da Anna), qualcuno in famiglia la chiamava Annusca, e da allora è l'unico onomastico che ricordiamo. Sant'Anna, madre della Madonna, invocata contro la sterilità coniugale e nei parti difficili, è protettrice delle madri e delle partorienti. Nelle raffigurazioni classiche, il suo mantello è verde. Durante la mia permanenza nel reparto di terapia intensiva, mentre nuove complicazioni sopraggiungevano e la mia mente era sopraffatta dagli effetti della morfina, piú volte ho nominato un'immaginaria stola verde ai piedi del mio letto.

Adesso però c'era qualcos'altro da affrontare, qualcosa che mi aspettava al varco e da cui non avrei potuto distogliere la mia attenzione per sempre. Mentre io lottavo fra la vita e la morte, loro avevano scelto di tacere, ma non era stato nessun *incidente* a ridurmi cosí. C'era un problema a monte. Piú mi allontanavo da quel 26 luglio, piú il mio gesto si manifestava ai miei occhi in tutta la sua gravità. Dovevo misurarmi con le conseguenze. I segni erano fuori, li ho portati addosso, nei punti di sutura e nelle bende, nell'impossibilità di muovermi. Alcuni segni sono ancora qui, adesso, su questa tastiera battuta solo dalla mano destra. A un certo punto però ho guardato dentro, e ho visto i segni peggiori. Per qualche tempo, prima di addormentarmi, riprovavo la vertigine della caduta. Era come continuare a precipitare, all'infinito, per l'eternità. Come potevo accettare quanto avevo fatto? Come potevo convivere con me stessa? A un certo punto ho finalmente smesso di rivivere la caduta, ma ancora oggi non ho capito esattamente come convivere con me stessa. Posso solo dire che è una convivenza difficile.

Ma cosa ne sapete voi? Cosa potete saperne?

A volte mi sembra impossibile che in tutto il mondo ci sia una sola persona in grado di capire. La sensazione di essere diversa, provata sin da bambina, non ha fatto che acuirsi. Quando ho cominciato a soffrire di ansia, una mia cara amica, una delle poche alle quali confidai quello che mi stava accadendo, sembrava molto preoccupata per i farmaci che dovevo assumere. Ricordo ancora la sua voce al di là del telefono. Stai attenta, quella roba altera l'umore. Come farle comprendere che *quella roba* mi era necessaria perché il mio umore era *già* alterato? Mentirei dicendo che i miei rapporti affettivi e interpersonali non abbiano risentito di quanto mi è successo. E credere che questo libro migliorerà le cose significherebbe raccontarsi delle favole. Avrei potuto fare a meno di scriverlo, semplificandomi la vita, eppure provo un piacere perverso nel chiamare le cose con il proprio nome.

Ebbene, che ci sarebbe stato, nel dopo? Tutto quello che ho rischiato di non vedere. Greta che cresce davanti ai miei occhi, i progressi fisici, questo libro, nuove persone. Ci sarebbero state anche molte giornate difficili, momenti nei quali mi sono sentita esausta, e in cui ho creduto che la mia punizione consistesse nell'essere sopravvissuta. Ci sarebbero stati anche i 567 item a doppia alternativa «vero» o «falso» dell'*MMPI-2*, uno dei principali test per valutare le caratteristiche della personalità, i cui risultati dicono di me:

> *Il tono dell'umore è disforico con possibile alternarsi di tratti di eccitamento e di depressione.*
> [Il termine «disforia», dal greco, «sopportare male», indica in psichiatria un'alterazione dell'umore in senso depressivo, accompagnato da irritabilità e nervosismo. È l'opposto dell'euforia].

> *Sono presenti tensione e ansietà; sul piano comportamentale possono alternarsi fasi di irrequietezza motoria a fasi di apparente rallentamento.*

Si rileva una notevole incidenza di comportamenti ostili a livello sociale, sottesi da tratti psicastenici e da una notevole quota di insicurezza ansiosa.

[Con «psicastenia» lo psichiatra francese Pierre Janet indicava una particolare varietà di psiconevrosi attribuita essenzialmente all'indebolimento della tensione psichica].

Nelle situazioni di gruppo tende a interagire in maniera aggressiva e scarsamente controllata: i rapporti sociali tendono, pertanto, ad essere difficili anche se non vengono rifiutati a priori.

[A proposito dei miei rapporti interpersonali, mi viene in mente una frase che l'artista David Wojnarowicz annotava amaramente sul suo diario. «David ha un problema», scrive di se stesso, «se sta da solo soffre, ma non sopporta quasi nessuno. Come cazzo la risolvi?» In effetti credo di essermi sempre dovuta misurare con un forte bisogno di socialità che però, di fatto, non sono in grado di gestire. Gli altri mi stancano. E tuttavia, cosa potrei essere senza di loro?]

Considera se stessa in modo eccessivo e sproporzionato, ma oscilla tra momenti di acritica ipervalutazione di sé e momenti caratterizzati da grave dubbio sulle proprie capacità.

[Vero. Si tratta di due estremi che oscillano come il mio umore, e che mi fanno sentire a giorni alterni un genio o una nullità].

Nel rapporto interpersonale può rilevarsi la tendenza a mostrarsi compiacente e «adattato»: ciò è determinato da un atteggiamento di ricerca di soddisfacimento delle aspettative percepite nell'altro. Ciò, quando presente, determina atteggiamenti improntati alla passività e alla strumentalizzazione.

[Questa è la parte in cui cerco di essere quello che non sono. È la tendenza a considerare i rapporti interpersonali in modo materialistico e funzionale ai miei bisogni].

I meccanismi di controllo e di difesa appaiono strutturati in una maniera sufficientemente equilibrata anche se, nelle condizioni di particolare stress possono manifestarsi alcune tendenze alla labilità emotiva con possibili difficoltà di controllo sulla sfera delle pulsioni.

[Su labilità emotiva e controllo delle pulsioni preferisco non pronunciarmi].

Si apprezza la presenza di sintomatologia ansiosa con sentimenti di tensione, astenia, tendenza alla preoccupazione e scarsa capacità di concentrazione.

[Astenia: dal greco *asthèneia*, «privo di forza», è una sensazione di esaurimento fisico simile a quella provata dopo una fatica eccessiva, che quando è nervosa si associa all'ansia e rientra tra i sintomi dei disturbi dell'umore].

Non ripresi mai a lavorare. Dopo quanto era successo mi sembrava che non avessi scelta; ogni tanto mandavo qualche articolo da casa, ma il mio percorso, la mia crescita professionale, si erano arrestati. Convivevo con la paura di stancarmi; inoltre, fare le cose di prima innescava un confronto troppo doloroso fra quella che ero e la persona in cui mi ero trasformata. Senza stabilirlo in maniera consapevole, presi una sorta di anno sabbatico, durante il quale mi dedicai alla piccola e a me, al nuovo intervento al braccio e alla fisioterapia. Non c'era una data di scadenza, ero abbastanza sicura che avrei continuato cosí per sempre, anche perché potevo finalmente permettermelo. Feci come Joan Didion quando, dopo la morte del marito, dice:

Questo è il mio tentativo di raccapezzarmi nel periodo che seguí, settimane e poi mesi che cambiarono ogni idea preconcetta che io avessi mai avuto sulla morte, sulla malattia, sul calcolo delle probabilità, sulla fortuna e sulla sfortuna, sul matrimonio e sui figli e sulla memoria, sul dolore, sui modi in cui la gente affronta o non affronta il fatto che la vita finisce, sulla fragilità dell'equilibrio mentale, sulla vita stessa.

Come lei anch'io, dopo essermi persa, stavo cercando di ridefinire me stessa. Il mio lutto ero io.

Come ogni estate ero a Capri, dove assistevo alla rassegna letteraria delle Conversazioni. Ian Buruma, nel suo intervento, sottolineava come la ricerca della felicità sia un diritto riconosciuto dai padri fondatori degli Stati Uniti. È una possibilità legittima, nonché auspicabile, che tuttavia rischia di condizionare molto la percezione di fenomeni sociali e culturali come il raggiungimento dei propri obiettivi e la realizzazione personale. Il rischio è che passi l'idea che il successo non vada solo perseguito, ma anche simulato quando non presente. Insomma, alla lunga essere felici può diventare un dovere, piú che un diritto. Questa visione, che accomuna grosso modo tutti i paesi occidentali, rende particolarmente difficile accettare condizioni come la malattia in generale e la depressione ancora di piú.

Forse anche per questo, le mie aspirazioni mi hanno lasciata in pace solo per un po'. Quando muovevo i primi passi in ambiente giornalistico, mi piaceva immaginare che magari, un giorno, avrei condotto il telegiornale della sera. Mi vedevo a mezzo busto, stretta nella giacca di un tailleur, scandire bene le notizie dopo una seduta di trucco. Finché una sera, mentre ero stesa sul divano e facevo scorrere svogliata i canali sullo schermo, l'ho vista. Lucilla aveva la mia stessa età, e per un periodo avevamo frequentato entrambe il «Corriere del Mezzogiorno» come collaboratrici. Poi lei era andata a Roma, io ero rimasta a Napoli e ci eravamo perse di vista. Avevo sentito dire che era diventata professionista e che ambiva al concorso per entrare alla Rai. Ebbene, a quanto pare ci era riuscita. E senza volerlo mi stava sbattendo in faccia il suo successo, tutto quello che potevo essere e non ero. Quello che non sarei mai stata. A quel punto cambiare canale o spegnere il televisore non sarebbe servito, perché l'immagine di Lucilla nella sua giacca celeste avrebbe continuato a scavare un solco nell'idea di poter continuare a vivere cosí: di divano e pannolini e fisioterapia per sempre.

È stato allora, probabilmente, dopo piú di un anno di pausa, che la mia testa si è rimessa in moto. Durante un weekend colsi un lampo che potremmo chiamare ispirazione. Tante volte nella mia vita avevo pensato di scrivere un racconto, o un romanzo, ma mi era sempre mancata la tranquillità per sviluppare e portare avanti l'idea di partenza. Pensai a un libro che parlava di caduta e di rinascita, di desideri infranti. Decisi di iscrivermi a un corso di scrittura a Roma, dove andavo per le lezioni una o due volte al mese. Era molto bello poter scrivere senza le scadenze assillanti date dai tempi del quotidiano, senza un numero di battute da dover rispettare, mi ricordava di quando scrivevo i miei diari, solo per me. I personaggi inventati erano come figure alle mie spalle, che mi accompagnavano mentre la trama s'infittiva. Potevo essere tutti e nessuno, condensare i tratti. Affrontavo temi che mi avevano toccata da vicino: la depressione, la maternità, la perdita di sé, senza attribuirmeli in maniera esplicita. Stavo curando me stessa con l'unico artificio di cui ero capace.

Una giovane si butta dalla finestra nell'autunno del 1876 a San Pietroburgo. Da qui, da questo fatto di cronaca Fëdor Dostoevskij trae l'innesco per *La mite*, un racconto che è un monologo, in cui il marito della donna, adagiata ormai senza vita sul tavolo dell'obitorio, si perde inseguendo i motivi della tragedia. È il procedere a tentoni tipico di chi resta, condannato a interrogarsi su cause e responsabilità. Lo stesso di Amos Oz, che in *Una storia di amore e di tenebra* ricostruisce gli eventi politici e personali che conducono sua madre al suicidio. Trent'anni prima di Oz, si era cimentato in un'impresa simile Peter Handke, che nel suo *Infelicità senza desideri* racconta con gli occhi del figlio l'esistenza mancata della madre. È un piccolo testo, in cui Handke affronta la questione femminile, il lavoro di cura e l'insoddisfazione che spesso gli si accompagna. Da un punto di vista storico, sottrarsi a quest'ultimo rappresentava quasi sempre un gesto sovversivo, nonché un rischio. Se prima non era neppure contemplata la possibilità di sottrarsi all'accudimento, ancora oggi a una donna, per sentirsi degenere, basta reclamare del tempo per sé e per il proprio lavoro. Nel film del 1978 *Sinfonia d'autunno* di Ingmar Bergman, una madre e una figlia ormai adulta si confrontano sul loro rapporto. Quest'ultima, piena di rancore, accusa la madre di averle sempre anteposto la sua carriera di pianista e si rivede bambina, mentre attende una pausa davanti alla porta chiusa dello studio. La speranza di racimolare qualche attenzione per sé è vana, perché la ma-

dre preferisce essere lasciata sola a sfogliare in pace il giornale e a bere il suo caffè. La stessa Didion, nel *requiem* per
la morte del marito e della figlia Quintana, accusa se stessa
per tutte le volte in cui aveva preteso in casa il silenzio necessario a scrivere. Era ottimista, Virginia Woolf a credere
che a una donna, per scrivere, potesse bastare una stanza
tutta per sé. Forse perché in casa sua non c'erano bambini.
Mi domando se anche lei abbia sperimentato tanta difficoltà nel lavorare, oltre che nel vivere. Probabilmente sí, altrimenti non sarebbe finita in un fiume con le tasche piene di
sassi. È disperata e nella lettera che lascia a suo marito Leonard, in cui avverte la sciagura che incombe e la certezza di
stare impazzendo di nuovo, dichiara la resa, l'impossibilità
di combattere ancora, la certezza che quello che sta per fare
sia «la cosa migliore da fare».

Ma attenzione, non vorrei essere fraintesa: a me i bambini
piacciono, come pure mi piace l'infanzia. Ma vorrei contem-
plarla senza esserne risucchiata, perché il lavoro di accudimento che richiede è estenuante. «Io, se avessi dovuto badare
a un bambino tutto il giorno, sarei diventata matta»: Sylvia
Plath, che di bambini a cui badare ne aveva due, in realtà,
piú un marito impegnato in una relazione extraconiugale, attribuisce questo pensiero a Esther, l'alter ego protagonista
del suo romanzo. Sempre la Plath, nel poemetto radiofoni-
co *Three women* (*Tre donne*) trasmesso dalla BBC, declina la
maternità in tre voci, a ciascuna delle quali corrisponde una
donna diversa. A confessarsi sono una segretaria che subisce
l'ennesimo aborto, una studentessa del college che sceglie di
dare in adozione il suo bambino e una donna sposata, l'unica
delle tre a diventare madre. Quest'ultima, durante il parto,
si chiede se esista un miracolo piú crudele di quello che sta
mettendo al mondo.

Luride, agitate, criminali, recita il titolo di un testo che
tenta di ricostruire la vita, se cosí si può chiamare, delle donne rinchiuse in manicomio nel corso del secolo fra il 1850 e

il 1950. Per essere considerate tali spesso non avevano fatto niente, se non manifestato una particolare fragilità che le rendeva incapaci di essere mogli e madri. Lo studio dell'autrice Candida Carrino parte dalle cartelle cliniche e dai referti medici delle pazienti ricoverate nel manicomio di Aversa per raccontare le dinamiche e le condizioni dell'internamento. Se per secoli i pazzi non hanno avuto voce, qualcuno tenta oggi di farlo al posto loro.

«Sono arrabbiata, non con loro soltanto, ma con tutti quelli che pensavano che perché tenevo i pensieri un poco diversi e non mi ero trovata un uomo e sposata e fatto i figli, mi meritavo di stare dentro il manicomio come una disperata», dice Teresa Alficri, una dei tredici pazienti di cui Anna Marchitelli ricostruisce le biografie in *Tredici canti (12+1)* a partire dalle cartelle cliniche conservate nell'archivio dell'ex ospedale psichiatrico Leonardo Bianchi, attivo dai primi del Novecento a Napoli. L'autrice di queste riscritture è intervenuta in alcune conferenze con Alberta Basaglia, figlia dello psichiatra cui si deve la principale metamorfosi della psichiatria, ovvero la legge che portò alla chiusura dei manicomi quarant'anni fa. Franco Basaglia era convinto della necessità di un cambiamento in primo luogo culturale. Come scriveva Franca Ongaro Basaglia, a un anno dalla morte del marito (era il 1981), «per poter convivere con questa sofferenza senza allontanarla e rinchiuderla, occorre che siamo tutti consapevoli della necessità di una trasformazione radicale dell'atteggiamento nei confronti di questi fenomeni». Non si può dire che ciò sia avvenuto, o almeno non del tutto, perché se con la legge 180 i malati di mente venivano spogliati della pericolosità loro attribuita, metodi di contenzione (ambientale, fisica e chimica) permangono nelle strutture preposte e la lotta allo stigma sembra ancora alle sue battute iniziali. Per quest'ultimo, occorre forse molto tempo per far sí che l'accettazione penetri in profondità, o semplicemente il trucco, come spiega lo psichiatra e psicoterapeuta Piero Cipriano, è

pensare che siamo tutti, in un modo o nell'altro, chi piú chi meno, suscettibili di scivolare in quel *piano inclinato* della sofferenza psichica. [...] Insomma, siamo tutti potenzialmente *matti*, perché tutti potenzialmente indisponibili ad

accettare le circostanze storiche in cui viviamo, tutti potenzialmente e intimamente disperati.

Cipriano si definisce «uno psichiatra riluttante, basa-
gliano, anti-istituzionale» e guarda con sospetto i metodi
di contenzione, dalle fasce ancora usate nei reparti per le-
gare i pazienti, all'uso della psicofarmacologia. Su questo
ultimo aspetto non mi trova del tutto d'accordo. Lui dice
di se stesso:

> il vero psichiatra sono io, io che non voglio impacciare le-
> gare custodire annichilire le persone, e non sono quindi per
> niente anti psichiatra, e anti psichiatri sono coloro che si so-
> no consegnati anima e corpo alle case farmaceutiche e a un
> infelice destino di poliziotti della devianza psichica.

Le critiche piú comuni rivolte dai movimenti antipsichia-
trici sostengono che la psichiatria utilizzerebbe concetti e
strumenti medici impropriamente, fra cui un sistema di ca-
tegorie di diagnosi «stigmatizzante» (come il *DSM*, ovvero
il *Manuale diagnostico e statistico dei disturbi mentali*), con il
disturbo mentale che in realtà può evolvere in svariati modi. Dio solo sa quanto i malati mentali meritino di essere
trattati con umanità e rispetto, dai loro medici *in primis*, e
con questo intendo che non si dovrebbero combattere delle
battaglie metodologiche sulla loro pelle. Perché mentre in
un reparto o fra le pareti di uno studio medico gli specialisti
fanno a gara a chi è piú o meno antipsichiatra, il paziente
soffre, la malattia avanza. È importante parlare, col paziente, accoglierlo. Discutere con lui, nei limiti del possibile,
della cura che gli si sta somministrando, del modo in cui si
sente, limitando la solitudine che avverte, la sua agitazione, il suo dolore. Immagino che Cipriano non abbia la pre-
scrizione facile, come il mio psichiatra, del resto. Ci sono
state occasioni in cui ho dovuto supplicare quest'ultimo di
aumentarmi un dosaggio, di darmi qualcosa per dormire ecc.
Ma la malattia non è una prova di forza. Lei ha già vinto in
partenza, tanto piú se la si nega o minimizza.

Allo stesso tempo la curabilità può avere talvolta un effetto curativo: il modo in cui ci considerano gli altri, e per
altri intendo non solo gli psichiatri, ma anche la società in ge-

nerale, condiziona quello in cui noi stessi – noi pazienti – ci consideriamo. Se la parola greca *phàrmakon* è ambivalente, significa sia «medicina» che «veleno», nel mio caso è stata principalmente cura. Cipriano parla di «cosmesi farmacologica» e di «farmaci trappola», sostenendo che «l'uso a pioggia di benzodiazepine e antidepressivi non ha solo reso piú performanti gli individui che assumono queste molecole, ma li ha inconsapevolmente avviati a una carriera di malati psichici piú gravi». Mi chiedo quale sia la soluzione, secondo lui, considerando che anche la deprivazione di sonno può, a lungo andare, essere un lasciapassare per la psicosi.

Dal 2012 a oggi, il mio medico non fa altro che elogiare le mie capacità, esortandomi a fare di piú, a non sminuirmi, a riconquistare fiducia in me stessa. È convinto che piú dei farmaci, sia la consapevolezza dei miei stati d'animo a prevenire le ricadute. Io lo sono meno.

In seguito ai suoi tentativi di suicidio falliti, Sylvia Plath si sentiva oggetto di resurrezione, come Lazzaro nel Vangelo, resuscitato da Gesú e a cui la Plath intitolerà una delle sue poesie piú celebri: *Lady Lazarus*. L'imperativo che nel testo biblico Dio rivolge a Lazzaro è *Kum!* ovvero quello di rialzarsi e camminare, rimettersi in moto obbedendo alla parola «che riporta la vita alla vita» come dice Massimo Recalcati. Solo pochi mesi prima del tentativo ultimo, quello che le darà la morte nel febbraio del 1963, Sylvia Plath scriveva: «Morire | è un'arte, come qualunque altra cosa. | Io lo faccio in modo magistrale».

Non posso fare a meno di credere che la scelta di morire abbia avuto a che fare non solo con la fine del suo matrimonio con Ted Hughes, ma anche con la tiepida accoglienza ottenuta dal romanzo autobiografico *La campana di vetro*, pubblicato appena un mese prima. Riferendosi al suo crollo nervoso, la Plath affermò di aver dovuto «rivivere la piccola terribile allegoria» ancora una volta, mettendola in scena nel libro, prima di potersene liberare.

Anche Francesca Woodman, la fotografa americana famosa per i suoi autoritratti, decise di farla finita a pochi giorni dalla sua prima e ultima esposizione, gettandosi dal palazzo in cui abitava a Manhattan, a soli ventidue anni di età. Isabella Pedicini ha dedicato un saggio agli anni che la fotografa trascorse a Roma, e che segnano un momento cruciale del suo percorso artistico, per il quale rivendicherebbe, inoltre, un'autonomia rispetto al gesto che sembra averlo connotato in modo irreparabile.

Con l'idea della morte le sue fotografie non smettono di fare i conti, e non per via della sua investigazione sull'identità che inevitabilmente si dipana tra vita e morte, ma a causa di una certa critica che vuole Woodman legata unicamente ai temi dell'angoscia, dell'inquietudine e della depressione femminile.

E si chiede: «Può il suicidio condizionare e offuscare a tal punto il suo lavoro?» Si tratta di una domanda a cui è difficile dare una risposta, e tuttavia in molti dei suoi scatti a me sembra di intravedere dei chiari segni del suo destino. Penso a una fotografia in cui si tiene con le braccia tese allo stipite di una porta, penzolando al centro della cornice, in una posa che ricorda una crocifissione, ad esempio. O ancora, all'*Autoritratto con calla*, dove è accovacciata per terra, nuda come era quasi sempre, in un atteggiamento pensoso.

Ecco, mi sento di poter affermare con una certa sicurezza che, molto spesso, il suicidio deriva da un eccesso di pensiero. Sembra d'accordo Alberto Savinio, quando scrive: «In fondo la differenza fra tristezza e malinconia è questa, che la tristezza esclude il pensiero, la malinconia se ne alimenta».

Qualche mese dopo il mio ritorno a casa, andai a vedere al cinema il film di animazione *La bottega dei suicidi* di Patrice Leconte. Ne conservo ancora il biglietto d'ingresso. È una commedia musicale che ruota intorno a un negozio specializzato in articoli e ritrovati vari per farsi fuori: veleni, cappi, pistole e affini. Ogni possibilità è alla portata di chi desidera passare a miglior vita e, anzi, la bottega è presentata dalla macabra famiglia che la gestisce come la soluzione ideale per farla finita, soprattutto rispetto a tanti altri modi di uccidersi che possono rivelarsi pericolosi e inefficaci. Si tratta di un'idea provocatoria, forse, che non mi sembra però molto lontana dalla civilissima opportunità del suicidio assistito. Quest'ultimo avviene quando un individuo, offrendo la propria consulenza o il mezzo per suicidarsi, aiuta un altro a morire. Diversamente, nell'eutanasia, si assume un ruolo diretto e attivo nel determinare la morte di qualcuno.

Mentre ero ancora ricoverata mi capitò di leggere una recensione di *Exit*, il romanzo di Alicia Giménez-Bartlett che affronta in forma piuttosto edulcorata un tema spinoso come la scelta del fine vita. Chiesi di comprarmelo e cominciai a leggere della clinica in cui sei pazienti si ritrovano con l'obiettivo di morire. L'unica condizione che i medici della struttura devono verificare con la massima cautela è che nessuno dei pazienti desideri farlo perché affetto da depressione. Questa clausola, piú volte ribadita nel testo, mi sembra una pura discriminazione. È indubbio che la sintomatologia depressiva influenzi e spesso azzeri la spinta vitale di chi ne soffre, ma è altrettanto vero che esistono sindromi persistenti e resistenti ai farmaci, dalle quali dunque non ci si può liberare. Escludendolo a priori, si parte dal presupposto che il malato psichiatrico non sia lucido e che, quindi, non possa prendere una decisione definitiva come quella di interrompere la propria esistenza se non con mezzi propri o fai-da-te, rischiando cosí di non raggiungere lo scopo e sopravvivere, magari invalido. Questo significa precludere al depresso, nel caso di recidive invalidanti o resistenti alle cure, la possibilità di un'assistenza che è invece concessa a malati terminali o ridotti alla tetraplegia da sindromi e incidenti. Dobbiamo far fronte a discriminazioni continue: basti pensare che diverse assicurazioni sanitarie non prevedono copertura per le spese mediche sostenute a causa di disturbi mentali.

Fateci caso: dei malati psichici che si tolgono la vita raramente si dice la classica frase «ha combattuto a lungo contro la malattia». Lo notai leggendo la voce Wikipedia dedicata a

Sarah Kane, che in effetti recita: «Autrice di cinque testi tea-
trali, tutti molto controversi per i temi trattati (stupro, canni-
balismo, malattia), combatté a lungo con la depressione, che
fu la causa della sua morte per suicidio nel 1999». E ancora:
«Sarah Kane lottò contro la depressione per molti anni, ma
continuò a lavorare». Quando completò la sua ultima opera,
4.48 Psychosis, un lungo monologo scritto dal punto di vista
di un paziente che si scaglia contro il suo psichiatra, e che
verrà rappresentato solo postumo al Royal Court Theatre, la
Kane scrisse alla sua agente: «Fanne quello che vuoi, ma ricorda: scriverlo mi ha uccisa». Subito dopo venne ricoverata in un ospedale psichiatrico per un'overdose di sonniferi,
ma lasciata sola dal personale ospedaliero per circa tre ore,
si impiccò in bagno con i lacci delle sue scarpe.

È una vicenda analoga quella che la scrittrice canadese Miriam Toews racconta nel suo libro *I miei piccoli dispiaceri*, in cui
si chiede per quale motivo neppure il ricovero in clinica abbia
potuto evitare la tragedia di sua sorella Marjorie. Soffriva di
depressione, Marjorie, aveva già tentato il suicidio in passato
e voleva morire. Ma ricoverarla e non lasciarla da sola (quasi)
mai non è bastato a metterla in salvo da se stessa. Anche per
l'amico di Sarah Manguso, protagonista del memoir *Il salto*,
il ricovero si rivela inefficace perché il giovane Harris, affetto da schizofrenia, riesce ad allontanarsi dalla clinica in cui si
trova e, in preda a delirio, a buttarsi sotto il metrò. In questo
caso, «i macchinisti dei treni dei suicidi, che hanno guardato negli occhi le persone che sono stati costretti a uccidere,
non hanno l'obbligo di scendere e spostare i resti dai binari».

Mi chiedo se non sarebbe meno traumatico per chi desidera andarsene, ma anche per chi rimane, poter beneficiare di un ausilio. Francamente, ritengo di sí. C'è infatti
una disperazione profonda, non solo nel voler morire, ma
anche nel dover escogitare un sistema per farlo. Nel dover
raccogliere le proprie forze e da soli, con le proprie mani,
uccidersi. È un momento di estrema fragilità e di totale solitudine, perché l'aspirante suicida sa che nessuno lo aiu-
terà e che anzi cercheranno di distoglierlo da quella che gli
sembra – e che in alcuni casi è – l'unica soluzione. «Ma
suicidarsi», scrive Piero Cipriano, che nella sua esperienza

clinica ha visto centinaia di suicidi portati a compimento, suicidi mancati e parasuicidi,

> non è cosí semplice. Bisogna essere esperti di cocktail farmacologici, o procurarsi un'arma da fuoco, o sapere come tagliarsi le vene, oppure non saper nuotare. O ancora fare gesti molto, ma molto traumatici, come precipitarsi dall'ottavo piano o dalla tromba delle scale come Mario Monicelli o Primo Levi. Ma perché mai una persona che vuole morire deve essere costretta a lasciare questo ricordo dietro di sé?

Mi chiedo se il suicidio possa rappresentare un diritto. In questo senso è illuminante il punto di vista del bioeticista statunitense Jacob Appel, che lo considera come una questione legittima di scelta personale, nonché ultima risorsa valida per coloro che sperimentano un dolore prolungato. Per Appel nessuno dovrebbe essere costretto a subire contro la propria volontà condizioni come una malattia incurabile, una malattia mentale e la vecchiaia. Si tratta di argomenti controversi, in Italia piú che altrove, dove una delle poche associazioni che opera a favore dell'eutanasia legale e delle libertà individuali è quella intitolata a Luca Coscioni. Sulla possibilità per le persone depresse di ricorrere all'eutanasia o al suicidio assistito il tesoriere dell'associazione Marco Cappato ha dichiarato recentemente in un'intervista che, rispetto a malattie incurabili o stadi terminali, per la sofferenza psichica

> sarebbero necessari procedure e controlli ancora piú rigidi e restrittivi. [...] Quello che ci dicono gli psichiatri è che ci sono delle forme molto diverse di depressione. Alcune sono curabili, la stragrande maggioranza, in particolare quelle che dipendono dai fatti della vita, trattabili sia farmacologicamente che con le terapie, ma esistono forme di sofferenza psichica di natura congenita che si rivelano incurabili, sono dei casi molto limitati ma in quei casi la sofferenza di quelle persone ha effetti fisici gravi. [...] Il Belgio, l'Olanda e la Svizzera hanno finora trattato queste situazioni con grande cautela e attenzione, i casi ammessi [all'eutanasia o al suicidio assistito] sono molto limitati.

Fra questi, quello di una ragazza belga di ventiquattro anni che, affermando di convivere, sin da bambina, col pensiero fisso di desiderare la morte, ha ottenuto di poter ricorrere all'eutanasia.

Non credo sia un caso che una volta accordatole il permesso, la ragazza abbia poi desistito. Il depresso che manifesta una tendenza al suicidio vive la proibizione di quest'ultimo, e i tentativi di evitarlo da parte di familiari e personale medico, come un dispetto. Credo un po' come accade alle persone affette da anoressia sottoposte ad alimentazione forzata.

Se dal 2002 il Belgio ha autorizzato l'eutanasia per «malattie incurabili e gravi che causano sofferenza fisica e psichica costante, insopportabile, e implacabile» sempre Piero Cipriano, chiede:

> Ma perché mai la nostra medicina, e la nostra giurisprudenza, e la nostra società di questa cattolica Italia non vogliono permettere che qualcuno possa disporre del proprio corpo, della propria vita, come meglio crede, e sottopongono quel corpo, e quella vita che già si professa disperata, alle torture piú inimmaginabili (TSO, farmaci, legamenti, elettroshock?) Per emulare la passione di Cristo?

A proposito di tentativi falliti, mentre ero in una delle innumerevoli sale d'aspetto per visite necessarie alla mia ripresa, mi capitò davanti un articolo del «National Geographic». Parlava di una ragazza sopravvissuta al suo tentativo di suicidio: la diciottenne Katie Stubblefield, che si mise il fucile da caccia del fratello sotto il mento e sparò. Lui la trovò coperta di sangue, «la sua faccia non c'era piú», racconta. Il proiettile le aveva rubato il naso, la bocca e gran parte delle ossa del viso. Un documentario parlava del delicato intervento chirurgico di trapianto del volto, quello della donatrice Andrea Schneider, una tossicodipendente di trent'anni morta per overdose, e del percorso clinico e umano che avrebbe «restituito» Katie alla vita con un volto che non è piú il suo. Resto sempre un po' scettica di fronte a queste miracolose restituzioni, soprattutto in un caso in cui, malgrado i numerosi interventi subiti, il superstite debba fare i conti con una trasfigurazione del genere.

Diversamente da quanto accade nel suicidio assistito, dove sono cliniche e associazioni specializzate a procurare fatali pozioni da bere ascoltando musica, dopo aver ponderato la propria scelta in tutta tranquillità, attimi concitati precedono la fine di chi sceglie di morire e deve farlo da sé. Trovo similare, per certi aspetti, la descrizione dell'avvicendarsi frenetico di sensazioni fatta da Flaubert e Tolstoj, quando le mie amate antieroine stanno per abbandonare la pagina. Il gesto fatale è repentino, improvviso. La sua attesa febbrile. Ecco il pensiero di Anna Karenina prima di buttarsi sotto al treno:

> «Proprio lí, – si diceva fissando l'ombra del treno, […] – lí nel mezzo, […] e sarò libera da tutti e da me stessa». Avrebbe voluto gettarsi sotto il primo vagone, che stava giusto scorrendo davanti a lei. Ma perse l'attimo – la metà della vettura – per sfilarsi dal braccio la sacca rossa che si era impigliata. Ora doveva aspettare la carrozza successiva. Si scoprí a provare la stessa sensazione di quando, facendo il bagno, si preparava a tuffarsi.

La calma che segue la concitazione. In *Madame Bovary*, prima:

> Le mura tremavano, il soffitto la schiacciava […] Rimase sperduta di stupore, e senza piú coscienza di se stessa se non per il battito delle arterie, che le pareva sentire prorompere intorno, come una musica assordante […] Allora la sua situazione, come un abisso, le si presentò davanti. Ansimava da schiantarsi il petto.

E solo dopo aver inghiottito la polvere bianca che le darà la morte «venne via subitamente placata, e quasi serena, come dopo un dovere compiuto».

Eppure, il fatale intento si può anche dissimulare. C'è una foto di me solo pochi giorni prima di buttarmi di sotto: sorrido guardando mio cugino che tiene la bambina in braccio. È un sorriso che sembra autentico. Chi non mi era tanto vicino da conoscere il malessere che vivevo avrebbe potuto indovinare quanto stava per accadere?

Nel racconto *Un giorno ideale per i pescibanana* J. D. Salinger spiazza il lettore con il gesto di Seymour, un giovane un po' sopra le righe che si trova in vacanza con sua moglie, Muriel. Un attimo prima Seymour è in spiaggia, a fare il bagno e giocare in acqua con Sybil, una bambina dal costume giallo, e quello dopo rientra in camera, dove sua moglie riposa, e si spara un colpo alla testa. Ma al di là della chimica del proprio cervello, cosa fa sí che una persona desideri vivere o morire? Le buone abitudini, la stima di sé? Nel film della Pixar *Inside Out* dedicato alle diverse emozioni – gioia, rabbia, disgusto, paura e tristezza – i ricordi base fondano la nostra personalità, condizionando cosí i comportamenti futuri. Il film rappresenta un tentativo di avvicinare i piú piccoli al complesso universo emotivo e alla sua gestione, nonché di legittimare la Tristezza, ma guarda caso quest'ultima, panciuta e con gli occhiali, non è di grande appeal, piú che mai rispetto a Gioia con la sua silhouette dai cui pori sprizza un insopportabile entusiasmo.

A proposito dell'indignazione che il suicidio di Primo Levi, avvenuto a Torino nel 1987, avrebbe suscitato fra alcuni esponenti della comunità scientifica e letteraria durante un simposio internazionale, William Clark Styron scrive, nel suo memoir *Un'oscurità trasparente*:

le sofferenze causate da una grave depressione sono assolutamente inimmaginabili per coloro che ne sono immuni e l'impossibilità di tollerarle a lungo produce un gran numero di suicidi, la cui prevenzione continuerà a essere impedita finché mancherà una conoscenza generalizzata della natura di tali sofferenze. Col benefico trascorrere del tempo, [...] e spesse volte con l'intervento medico e l'ospedalizzazione, la maggior parte delle persone sopravvive alla depressione. Ma la tragica schiera di coloro che sono indotti da questa malattia a distruggere la propria esistenza non dovrebbe essere oggetto di riprovazione piú di quanto sono le vittime del cancro.

Non dovrebbe, ma di fatto lo è. Prendiamo ancora una volta il caso di David Foster Wallace. È lo stesso Wallace, in *Infinite Jest*, a offrire un'immagine piuttosto chiara di ciò che il suicidio arriva a rappresentare agli occhi di un depresso:

> La persona in cui l'invisibile agonia della *Cosa* raggiunge un livello insopportabile si ucciderà proprio come una persona intrappolata si butterà da un palazzo in fiamme [...]: quando le fiamme sono vicine, morire per una caduta diventa il meno terribile dei due terrori. Non è il desiderio di buttarsi; è il terrore delle fiamme. [...] Dovresti essere stato intrappolato anche tu e aver sentito le fiamme, per capire davvero un terrore molto peggiore di quello della caduta.

Malgrado questo, due delle persone a lui piú vicine, ovvero la moglie Karen Green e l'amico Jonathan Franzen, ne parlano anche in termini astiosi. «Mi angoscia l'idea di averti spezzato le rotule quando ti ho tirato giú. Continuo a sentire quel rumore», scrive la vedova che ha trovato il suo corpo sul patio. È solo uno dei molti dettagli che consegna al suo *Il ramo spezzato*, una lunga lettera d'amore in cui c'è spazio per i ricordi e per la rabbia nonché per l'amara sensazione di non aver fatto abbastanza. Ma a sembrare arrabbiato è soprattutto Franzen che, nel già citato *Piú lontano ancora*, smaschera Wallace in alcune delle sue debolezze, *in primis* la propensione a ingannare se stesso e gli altri, e non sembra essere d'accordo con «i pubblici ritratti adulatori» secondo i quali «dopo aver sospeso l'antidepressivo Nardil che prendeva da vent'anni, era caduto in una profonda depressione e dunque *non era in sé* al momento del suicidio». Franzen attribuisce a Wallace il perverso desiderio di ferire chi lo amava, la volontà di fare carriera e di accaparrarsi l'adulazione degli altri attraverso il suo gesto, ma sembra dimenticare la causa primaria, il denominatore comune di ogni suicidio: la sofferenza.

Imputa l'incauta decisione di sospendere il farmaco alla «narcisistica avversione a considerarsi malato di mente in permanenza». Ma se questa *avversione* fosse invece una *impossibilità*, ancora una volta legata alla sofferenza?

Additato da sempre come il carnefice di cui Sylvia Plath era stata vittima, Ted Hughes ha provato a offrire una diversa versione della storia. A distanza di trent'anni dal suicidio della moglie pubblica *Lettere di compleanno*, una raccolta di poesie in cui cerca di rimettersi in contatto con lei. Ma il marito infedele, lo stesso per cui la Plath aveva in parte sacrificato la sua produzione poetica, è anche al centro del racconto di Connie Palmen *Tu l'hai detto*, in cui fa raccontare a lui – il poeta, il marito, l'uomo che non può smettere di interrogarsi sulle proprie colpe ma che ha sempre mantenuto un religioso silenzio sulla moglie perduta – la sua verità su una Sylvia dipinta come isterica, distruttiva, fragile e dipendente. E il cui celebre suicidio sarebbe diventato, in un certo senso, contagioso.

Era il 1963 quando, dopo aver preparato la colazione per i suoi bambini, Sylvia mise la testa nel forno a gas per esalare l'ultimo respiro. Della sua morte si sarebbero dette molte cose – fra cui che si trattava in realtà di un grido di aiuto, dal momento che, quella mattina, la scrittrice aspettava una visita che avrebbe potuto trarla in salvo. Fatto sta che la Plath morí, dopo un periodo di lavoro febbrile e in seguito alla depressione dovuta alla fine del matrimonio con Ted Hughes. Quest'ultimo, all'epoca, aveva già una relazione con Assia Wevill dalla quale, un paio di anni piú tardi, sarebbe nata una bambina. A distanza di sei anni dalla morte della scrittrice americana, la Wevill finirà per togliersi la vita allo stesso modo, trascinando per di piú sua figlia con sé. Morirà suicida anche Anne Sexton, la poetessa che di Sylvia Plath era intima amica e che si toglierà la vita dieci anni dopo, respirando monossido di carbonio nel garage di casa sua, dal momento che, dirà all'epoca qualche maligno, «nel 1974 i forni erano ormai tutti elettrici».

Già nell'Ottocento era nota la componente emulativa di alcuni suicidi: il cosiddetto *effetto Werther*, cosí chiamato per l'incremento di suicidi seguito alla pubblicazione del romanzo *I dolori del giovane Werther* di Goethe, in cui il protagonista si toglie la vita quando la sua amata sposa un altro. L'opposto dell'*effetto Werther* è l'*effetto Papageno*, dal nome del buffo personaggio del *Flauto magico* di Wolfgang Amadeus Mozart, che temendo la perdita di una persona cara sta per uccidersi, ma desiste e si salva grazie al sostegno degli amici.

Colleziono rancori. Non fanno in tempo a dissiparsi che già ne sopraggiungono di nuovi. Le mie reazioni sono eccessive, non riesco a modularle. Come un cane rabbioso, ringhio a chi intralcia i miei piani. Sono fatta di un materiale facilmente infiammabile. Litigo spesso: è quasi inevitabile, litigare con me.

Piú o meno una volta all'anno mando al diavolo il mio psichiatra.

Abbiamo potuto constatare che questo avviene quasi sempre in concomitanza con i cambi di stagione. In genere comincio ad attaccarlo nel corso di una seduta, in un modo piú aggressivo rispetto a come faccio abitualmente. Sí, perché mi capita di trattarlo molto male, ridicolizzandolo come se fosse un idiota, e lui me lo consente. Lo faccio perché detesto trovarmi in una posizione di debolezza, dover pagare ogni volta ottanta euro per vederlo, sapere di avere bisogno di lui, mentre lui non ne ha di me, e che magari fra dieci o venti anni saremo ancora lí, lui con la sua barba che mi chiede come sto, me lo chiede sempre, all'inizio di ogni seduta, da ormai sette anni, e io che mi sforzo di rispondergli su come cerco di lavorare, di essere una madre decente, di non mandare all'aria il mio matrimonio.

Il nostro primo appuntamento risale al dicembre 2012, ero rientrata a Napoli dopo il ricovero solo da pochi giorni. Allora non sapevo ancora come avrei fatto a rimettere in piedi la mia vita. Speravo che il doppio titolo di psichiatra e psicoterapeuta gli consentisse di seguire nel tempo anche la terapia farmacologica, sebbene all'epoca fossi ancora in contatto telefonico con la dottoressa Pace. Ricordo la prima volta nel suo studio, in cui pensai che fosse giovane – forse troppo – e gli raccontai a grandi linee quello che mi era successo. Credo di aver pianto, ma non ne sono sicura. Le volte in cui abbiamo ricordato quel primo incontro, lui mi descrive con aggettivi come «fredda» e «rassegnata». Senz'altro lo ero. Avevo tentato di uccidermi e non ci ero riuscita, causando a me stessa danni fisici e un enorme dolore alle persone che mi circondavano. Mi chiese di tenere un diario, come prevede la terapia cognitiva, in cui annotare, fra un appuntamento e l'altro, momenti critici, stati d'animo e reazioni che avremmo poi riletto insieme. Dissi di no. La sola idea di rileggere in sua presenza cose private che avevo scritto mi faceva sentire ancora piú stupida e, inoltre, particolare non trascurabile, scrivere con la mano destra mi risultava all'epoca molto difficile. Non riconoscevo come miei quei segni tremolanti e incerti, senza nessuno stile.

Una delle cose che ho perso, che piú rimpiangevo e rimpiango, è proprio la mia grafia. Conservo ancora l'ultima agenda su cui ho scritto, una piccola moleskine dalla copertina rossa. Prima di partire per quella maledetta estate, avevo fatto un elenco delle persone da invitare al battesimo di Greta, che si sarebbe dovuto tenere nel mese di ottobre. Tornando al mio rifiuto di allora, forse aveva a che vedere col concetto stesso di diario, per me da sempre intimo e privato, e non strumento di cura. Ripensandoci, non si tratta però di caratteristiche in netta contrapposizione fra loro. Si può anzi ipotizzare che durante la mia giovinezza i diari abbiano rappresentato un sostegno, ma ne ero gelosa, nel senso che li scrivevo per me stessa e non li mostravo volentieri.

Tentando un diverso approccio, il dottore mi consigliò di leggere *Marbles*, una graphic novel in cui Ellen Forney, illustratrice americana affetta da disturbo bipolare, racconta la sua esperienza. Non sono un'appassionata di fumetti, e tuttavia mi lasciai trasportare dalle tavole in bianco e nero, sperando in una redenzione. Anche la Forney passa in rassegna le personalità creative con cui condivide lo stesso disturbo e nelle quali tende a identificarsi. Credo sia davvero inevitabile, farlo, un po' per sentirsi meno soli, dal momento che ancora oggi condividere con gli altri la propria depressione o malattia mentale non è cosí frequente, un po' per consolarsi, illudendosi che ci sia una qualche contropartita in termini di genialità.

Poi il dottore, nel tentativo di sdrammatizzare, mi parlò del romanzo di Nick Hornby *Non buttiamoci giú,* in cui un gruppo di disperati si ritrova la notte di Capodanno su un grattacielo di Londra con l'intento comune di farla finita. Nessuno di loro, alla fine, precipiterà dal palazzo noto come la Casa dei Suicidi: posticiperanno la data fino ad abbandonare l'intento. Recentemente, e sempre nella capitale anglosassone, ha fatto discutere l'installazione dell'artista Mark Jenkins, che ha piazzato ottantaquattro manichini – come il numero di uomini che si suicida in media ogni settimana nel Regno Unito – sul tetto di un grattacielo della città, in procinto di buttarsi. In Italia ha piú volte destato polemiche anche Maurizio Cattelan, quando in centro a Milano lasciò penzolare da un albero tre fantomatici bambini col cappio al collo, o con *Bidibibodibiboo,* in cui uno scoiattolo imbalsamato sembra essersi appena sparato un colpo alla testa. Opere di questo tipo sono in genere considerate scandalose, ma lo sconcerto con cui sono accolte ha a che vedere piú con la morale che col gusto estetico.

Si dice ancora *commettere* suicidio, come se fosse un crimine. In effetti quest'ultimo è stato depenalizzato solo a partire dall'Ottocento ma, come scrive James Hillman nel *Suicidio e l'anima,* continua a rappresentare lo scandalo supremo, il gesto che la società considera inaccettabile. A condannarlo allora non erano solo istanze religiose, le stesse che stentano ancora oggi a prendere in considerazione eutanasia e suicidio assistito. O quelle dei troppi obiettori di coscienza che condannano l'aborto e sostengono l'accanimento terapeutico. A torto o a ragione, il suicidio, attivo o passivo che sia, resta un argomento sconveniente, che genera una miscela di imbarazzo e terrore in chi lo ascolta.

Nella prefazione al saggio di Hillman, lo psichiatra Thomas Szasz torna all'Inghilterra del Quattrocento in cui il suicidio era considerato un doppio crimine, contro Dio e contro il Re, e come tale prevedeva una duplice pena:

> [al]l'uccisore di se stesso [...] veniva negata la sepoltura in terra consacrata e i suoi beni terreni erano confiscati e incamerati dall'elemosiniere della corona. La ferocia di quelle

pene indusse con il tempo le giurie (cui toccava il compito
di determinare le cause delle cosiddette morti innaturali) a
cercare il modo di mostrare pietà per le vittime, quelle vive
e quelle morte. [...]

Trasformare il colpevole in pazzo – ovvero «infermiz-
zare» il suicidio, trattare le persone che si macchiavano di
questo delitto come se fossero matte – rappresentava la soluzione ideale. Consentiva di mantenere in vigore la san-
zione religiosa e giuridica contro l'atto, e contemporaneamente forniva un meccanismo compassionevole e all'apparenza scientifico e illuminato per risparmiare alla famiglia
del suicida lo stigma e il danno economico che la punizione
dell'atto avrebbe comportato.

La cancellata si ergeva monumentale lungo il perimetro
del condominio. Dovevano essere stati fabbricati a distanza
di anni, perché quest'ultimo sembrava senza dubbio di epoca successiva. In origine, al di là del cancello, doveva esserci
stato solo un giardino di cui restavano, oggi, alcune aiuole davanti alla costruzione. La possente frontiera era forse un'appendice del palazzetto attiguo, signorile e storico come quasi tutti nella zona. Davanti a quella cancellata passavo ogni
volta che dalla nuova casa mi dirigevo o rientravo dal centro,
passeggiando. Ogni volta soppesavo le guglie appuntite e i
pesanti blocchi di cemento che intervallavano il ferro scuro.

Con la scusa di avvicinarci al centro, ci eravamo trasferiti. Avevo voluto lasciare la grande casa, quella in cui mi ero
ammalata, e che aveva coinciso con la mia caduta. Credo che
inconsciamente fossi certa di poter dimenticare o, addirittura,
tornare a essere quella di prima, abbandonando quelle stanze.
Ma non è stato cosí. Dopo il trasferimento, malgrado avessi tutto a portata di mano, ho dovuto constatare che il mio
modo di vivere aveva traslocato insieme a me, e che nessun
trasloco avrebbe potuto restituire a me stessa quella che ero
stata e che ormai non ero piú. La giovane donna già provata, ma ancora intatta e piena di prospettive che cinque anni
prima aveva varcato la soglia della grande casa era rimasta lí,

nell'attimo in cui saliva le scale, fra le braccia uno scatolone pieno di libri, il telefono che squilla perché in redazione la cercano. Era rimasta lí, e non c'era modo di riaverla indietro, ormai è come un ricordo, sbiadito e vivido nello stesso tempo, imbrigliato in una dimensione temporale inaccessibile e altra. Ci eravamo trasferiti in centro, ma lontana dal *centro delle cose* lo sarei rimasta comunque. È stato uno dei molti momenti in cui ho dovuto fare i conti con quanto mi era successo, e in verità è una partita ancora aperta.

Ultimamente mi è capitato di leggere un articolo dedicato alla giornata mondiale del disturbo bipolare, che cade il 30 marzo, giorno del compleanno di Vincent Van Gogh, che ne soffriva. Diceva che la predisposizione biologica ad ammalarsi necessita di «fattori di attivazione» psicologici o ambientali perché questo avvenga. Lessi anche che «nonostante l'utilizzo di farmaci stabilizzatori dell'umore, dopo quattro anni da un episodio il rischio di averne un altro è di circa il 50 per cento, e a 5 anni fino al 60-80 per cento». Rabbrividii pensando che proprio l'anno prima, ovvero passati 5 anni dal 2012, avevo attraversato un inverno particolarmente cupo, in cui avevo temuto di riammalarmi, e in seguito al quale avevamo aumentato col mio medico il dosaggio dei farmaci. Che mi aiutarono a ritrovare una certa tranquillità prima di affrontare l'estate. Un tasto dolente, l'estate.

Le sensazioni fisiche tipicamente associate al clima caldo e afoso, la debolezza e i capogiri, ma anche la fame d'aria, la tachicardia, la paura di svenire o di soffocare risultano in buona parte sovrapponibili ai sintomi tipici degli attacchi di panico. Non a caso, questi ultimi tendono ad aumentare coi primi caldi, generando un effetto a catena: le sensazioni fisiche, interpretate come minacciose dalle persone già predisposte, portano a uno stato di allarme che le acuisce tramutandole in ansia e panico. È il motivo per cui, almeno in parte, si tende a manifestare gli stessi sintomi, o a registrarne un incremento, sempre nello stesso periodo dell'anno. Il ricordo di quanto accaduto genera delle suggestioni e delle risposte che tendono a farlo riaccadere.

Trovo in generale il caldo molto faticoso, e non è un caso che sia nel pre- che nel *post partum*, io sia stata male in concomitanza con l'inizio della primavera e dell'estate. Troppo mare mi stanca, m'innervosisce come fa coi bambini, e in piú detesto la sabbia e abbronzarmi, cosí mi rifugio in montagna, o in qualche città del Nord Europa.

Ma il fiorire rarefatto delle jacarande non mi sarebbe stato sempre nemico. Mi capitano anche estati meno difficili, perché gli alti e i bassi del mio disturbo non seguono periodi fissi.

L'anno dopo la caduta, il primo caldo mi colse impreparata. Arrivò ad aprile, in un'ondata che rendeva impossibile restare con le maniche lunghe. Accanto alla ricerca di capi che fossero facili da mettere e da togliere (tornata a casa dalla clinica avevo buttato via mezzo guardaroba in base al criterio dell'abbottonabilità), cominciò anche quella di magliette in grado di coprire le mie spalle sfregiate. Mi sarei potuta sottoporre a un intervento di chirurgia plastica o a delle sedute laser, ma non mi andava di soffrire ancora. Valutai anche la possibilità di ricoprire il mio busto con un unico grande tatuaggio, come quello a trina che sfoggia Asia Argento sul décolleté. M'informai sul nome del suo tatuatore, ma poi le cicatrici ho deciso di tenermele.

Dopo quattro anni di fisioterapia, invece, a un certo punto non ne ho potuto piú. Allora mi sono iscritta in piscina. Potevo nuotare a rana, e in generale il movimento in acqua era piú facile. Poi ho provato a riprendere il pilates, che mi piaceva tanto prima che la mia vita si incasinasse. Frequentando corsi con altre persone, senza fare lezioni individuali o sedute di fisioterapia o dall'osteopata, toccavo con mano i miei limiti, e ancora una volta guardavo nello specchio ciò che ero. Il mio braccio sinistro sembrava un'ala spezzata. Era piú corto dell'altro, in atteggiamento semiflesso, visibilmente piú magro.

La mano, per migliorare ancora, credo che avrebbe bisogno di un ulteriore intervento, non tanto impegnativo come quello al braccio: mi è parso di capire che basterebbe una trasposizione di tendini, ma finora non me la sono sentita. Non so perché, ma accetto che sia cosí. Rappresenta una traccia, un ammonimento, una punizione. Ormai è parte di me. È come se non avessi alcuna fretta, forse mi sono ripiegata su me stessa. O forse è il solito discorso delle priorità: dopo tanto tempo speso per riprendermi fisicamente, adesso sono concentrata su altre cose. Su altre riprese.

Slap slap slap, il mio gatto lecca il suo pelo. Ormai sono diventata come lui: odio le visite e abbandonare la casa mi destabilizza. Il riposo è diventato la mia priorità.

Ho pubblicato un tweet in cui dicevo: «In certi momenti la vita sembra finita. Solo che poi non finisce». Qualcuno ha aggiunto: «Peggiora soltanto». Poi non dite che la pessimista sono io.

Mentre gli atti di autolesionismo non sono considerati tentativi di suicidio, il comportamento suicida non fatale viene considerato un atto di autolesionismo. Oltre a quello del 26 luglio, mi chiedo se si possa considerare un atto di autolesionismo anche la pubblicazione di questo libro.

Non ero mai stata accerchiata da costruzioni d'ispirazione brutalista quanto durante una settimana bianca a Marilleva. Con mio marito, Greta e altre coppie di amici trascorrevamo le vacanze invernali nella stazione sciistica a mille e quattrocento metri in Val di Sole, dove cemento e vetro costituivano grandi blocchi destinati ad alberghi, case vacanza e club residenziali. Questi ultimi erano sorti sul finire degli anni Sessanta, come appendice avveniristica non solo da un punto di vista architettonico rispetto alla valle che restava fedele al gotico tirolese, ma anche funzionale. L'intera località era una sorta di comprensorio autosufficiente, con i principali servizi a portata di mano e piste da sci davanti alla porta di casa. C'erano negozi di abbigliamento e attrezzatura sportiva, una farmacia e un ambulatorio, un centro termale con annessa piscina e persino una chiesa, per quanti sentissero un richiamo mistico in alta quota. La nostra camera dava su uno degli impianti di risalita, che osservavo muoversi dal letto, dove avevo cominciato a scrivere questo libro, mentre tutti gli altri erano fuori a sciare. L'atmosfera ovattata mi era d'ispirazione. Mi faceva sentire al sicuro, in grado di maneggiare questa materia incandescente. Intanto, fuori, gli alberi offrivano i loro scheletri spogli alla neve, la stessa che scricchiolava sotto i nostri moon boot.

Durante quella vacanza stavo leggendo *Indignazione* di Philip Roth e anche in quelle pagine c'era una figura in cui identificarmi: Olivia, la ragazza fuori di testa del college, disinibita e diversa da tutte le altre, che fa innamorare il bravo ragazzo ebreo. Fortunatamente, la letteratura concede alla malattia mentale un certo appeal. Il personaggio un po' sopra le righe, che sorprende il lettore con atteggiamenti insoliti o fuori del comune, è un espediente letterario che non perde il suo fascino. E ho capito che anche nella vita reale può essere cosí.

Medicine per colazione. Una bella scorpacciata. Da oltre sei anni la mia giornata comincia e finisce cosí: ingoiando pillole.

Non le tengo nascoste come facevo all'inizio. Sono la prima cosa che metto in valigia quando devo partire. Fanno parte di me.

Qualcuno può pensare che il disagio sia una malattia che ha tutti i sintomi della depressione, ma non può essere curato con medicine. Si tratta di una visione un po' semplicistica, dal momento che la depressione si può curare, è vero, ma spesso il primo tentativo non è sufficiente, e ne servono diversi prima di trovare *la cura giusta*, che fra l'altro non è mai definitiva, un po' come le diagnosi psichiatriche che non sono mai definitive. Questa aleatorietà, riscontrabile in ogni tipo di disturbo, dal momento che la medicina non è una scienza esatta, nel disturbo psichico lo è un po' di piú. Perché gli scompensi chimici alla base delle principali malattie mentali sono inevitabilmente influenzati da fattori emotivi difficilmente misurabili e che cambiano nel corso della vita del paziente.

È molto difficile accettare che nella tua testa – nel tuo modo di pensare e di percepire la realtà – ci sia qualcosa che non va. Eppure ho dovuto farlo. Cosí come ho dovuto accettare le x e le y, il sistema di catalogazione delle mie giornate inventato dal dottore, un'ascissa per quelle buone, un'ordinata per tutte le altre.

Talvolta le frasi fatte, per quanto stereotipate, riescono a esprimere perfettamente il significato di qualcosa. Sono fuori di me, si dice. Ed è quello che mi è successo e mi succede, quando perdo aderenza alle emozioni e alla realtà.

Certi giorni è come se non mi svegliassi mai. Il letto mi risucchia. Come sabbie mobili, come un buco nero. Altri mi sembrano cortissimi, neanche il tempo di alzarmi e fuori è già buio. Accade talmente di rado che ho dovuto imparare a farci caso, quando sto bene.

Un'intera famiglia sotto scacco, in balia dei miei orari assurdi. Svegliami alle undici, dico, se ho un impegno che non sono riuscita a spostare nel pomeriggio. Svegliami in tempo utile. Ma l'ora che preferisco è la mezzanotte.

Mentre scrivevo questo libro c'erano molte persone con le quali entravo quotidianamente in contatto per via di Greta (maestre, insegnanti di danza e di equitazione, mamme di sue compagne di scuola, amici con bambini coi quali andavamo in vacanza) all'oscuro di questa fetta cosí drammatica della mia vita. Mi domandavo quale sarebbe stata la loro reazione, e per certi versi me ne preoccupavo. Un giorno stavo chattando con la madre di un'amichetta di Greta, non eravamo in grande confidenza ma in quel momento scherzavamo sul fatto che io fossi un po' sopra le righe. Al che lei ha scritto: Ma tu non ci sei, piú che altro ci fai.

Non ho potuto fare a meno di rispondere: Ci sono, ci sono, non a caso ho un disturbo bipolare.

Un attimo dopo aver digitato questa frase mi sono resa conto che forse non era il caso di uscirmene cosí, senza preamboli, con un'affermazione del genere. E che magari l'avevo messa in imbarazzo. Ma lei ha prontamente risposto: Beh, direi che te lo porti bene. Come se fosse una messa in piega.

Prima di salutarci, abbiamo avuto qualche altro scambio di battute in cui le ho detto che il libro al quale stavo lavorando parlava anche di questo. E lei mi ha domandato se non fosse un rischio, per me, scriverne proprio adesso, in un momento della mia vita in cui ero sostanzialmente felice. Ha usato proprio quest'espressione: «sostanzialmente felice», il che mi ha messa ancora una volta di fronte all'evidenza di quanto le apparenze ingannino.

Quando ormai avevo metabolizzato la mia diagnosi, al mio psichiatra venne l'idea di sottopormi alla versione 2.0 del questionario *SCID II* per capire se, fra le altre cose, avessi anche un disturbo di personalità. Ovviamente ce l'ho: il mio sarebbe un disturbo di tipo narcisistico, lo stesso che qualche anno fa si era pensato di depennare dal *DSM-5*. Nel saggio *Diagnosi e destino*, lo psichiatra e psicoanalista Vittorio Lingiardi affronta i meccanismi di difesa e le reazioni che la notizia di essere affetti da una malattia può comportare, perché quest'ultima rappresenta sempre un'ardua prova, che come tale implica «una traversata di dolore». Lo stesso Lingiardi si era dichiarato scettico sull'eliminazione del narcisismo dal *Manuale diagnostico e statistico dei disturbi mentali*, e ha definito in un'intervista i tratti comuni alle diverse patologie del narcisismo.

Gli individui con personalità narcisistica hanno un'idea grandiosa di sé, un costante bisogno di ammirazione e pochissima empatia. Chiunque di noi sa che cosa questo significhi nel contesto di una relazione, affettiva ma anche semplicemente professionale. I narcisisti pensano di essere diversi e migliori degli altri, e di potersi permettere di avere o di fare cose speciali che gli altri non possono permettersi. Anzi, pensano di averne diritto. Possono essere sprezzanti e critici e hanno poca sensibilità verso la sofferenza altrui.

Naturalmente esistono diversi tipi di personalità narcisistica, fra cui la classica distinzione di narcisismo overt (che si sviluppa nel binomio grandiosità-esibizionismo) e covert (vulnerabilità-sensibilità). Durante la seduta in cui mi comunicava i risultati del test, il mio medico ci tenne a sottolineare che, verosimilmente, chiunque si sottoponga a un certo tipo di test risulterebbe affetto da almeno un disturbo di personalità, e che malgrado quest'ultimo io potevo considerarmi un soggetto «ad altissimo funzionamento».

Applicando l'inflazionato concetto di funzionamento non solo agli organismi viventi, ma anche ai sistemi sociali, mi torna in mente quanto scriveva Mark Fisher in *Realismo capitalista*. Nel capitolo del libro dedicato alle malattie mentali Fisher, filosofo e critico inglese che soffriva di depressione sin dall'adolescenza e nel 2017 sarebbe morto suicida all'età di quarantotto anni, ravvisa nella vasta *privatizzazione dello stress* riscontrabile negli ultimi trent'anni la causa del malessere di un cosí alto numero di persone.

La piaga della salute mentale nelle società capitaliste dovrebbe suggerire che, invece di costituire l'unico sistema sociale che funziona, il capitalismo è intrinsecamente disfunzionale, e il prezzo della sua apparente funzionalità è molto alto.

Se per Durkheim ogni suicidio è dato da variabili di natura sociale, per Fisher molte forme di depressione possono essere comprese attraverso schemi politici, piuttosto che psicologici. Come rileva il Rapporto Istat sulla salute mentale, inattivi e disoccupati tra i 35 e i 64 anni riferiscono piú spesso disturbi di depressione grave o ansia cronica rispetto ai coetanei occupati. In un altro testo, *Good for nothing* (*Buono a nulla*), Fisher racconta in prima persona la convivenza con la sua malattia.

Ho sofferto di depressione in modo intermittente da quando ero un adolescente. Alcuni di questi episodi sono stati fortemente debilitanti – con conseguente tendenza all'autolesionismo, a isolarmi (ho passato mesi e mesi nella mia stanza, uscendo solo per ritirare la posta o per acquistare un minimo di cibo necessario), e tempo trascorso in reparti psichiatrici. Non direi che sono guarito completamente, ma sono contento di notare che sia l'incidenza che la gravità degli episodi depressivi si sono notevolmente ridotte, negli ultimi anni. In parte, ciò è conseguenza dei cambiamenti nella mia vita, ma è anche il risultato di essere arrivato a una diversa comprensione della mia depressione e di ciò che la causa.

Se riducessimo il suicidio alla manifestazione di un malessere sociale, potremmo ipotizzare che la crisi economica e l'assenza di lavoro ne abbiano fatto aumentare i casi. Contrariamente alle notizie diffuse però, i dati smentiscono una correlazione diretta: in Italia, secondo l'Istat, ce ne sono stati 150 nel 2008, aumentati a 198 nel 2009 e ridiscesi a 187 nel 2010 (con un calo del 6 per cento). Il rapporto tra crisi economica e suicidio è inoltre smentito dal fatto che paesi europei come la Germania e la Finlandia, in cui la crisi è meno grave, registrano tassi di suicidio tra i piú alti, mentre la Grecia, in assoluto il paese colpito in maniera piú forte dalla crisi, esibisce i tassi di suicidio piú bassi d'Europa.

Peraltro, dato il ruolo importante della componente emulativa nel determinare decisioni di suicidio (il già citato *effetto Werther*), l'insistere da parte dei mezzi di comunicazione di massa su notizie di suicidi dovuti in apparenza a cause economiche potrebbe avere l'effetto di incentivare comportamenti non conservativi in persone che si trovano in situazioni analoghe.

Escluse quindi le difficoltà economiche, nella *Società della stanchezza* il filosofo sudcoreano Byung-Chul Han ravvisa un altro ordine di motivazioni. Oggi gli individui si sono trasformati in soggetti di prestazione, e questo determinerebbe esaurimento psicofisico, burn-out e, in ultima analisi, depressione. Cosí, atteggiamenti che un tempo sarebbero stati semplicemente oppositivi, negativisti o apatici come quelli di *Bartleby lo scrivano* e di *Oblomov*, diventano sintomi depressivi o altri disturbi psichiatrici da curare.

A detta del mio medico, piú mi dirigevo verso la guarigione e piú manifestavo la mia insofferenza senza filtri. Secondo lui, erano stati proprio il tentativo di adeguarmi agli altri e la scarsa consapevolezza dei miei stati d'animo a farmi ammalare. Una volta appreso il trucco, una volta che avessi imparato a dire di no, non sarei piú riuscita a smettere.

Sin dall'insorgenza dei primi sintomi, ho attribuito una certa responsabilità alla nuova famiglia di cui ero entrata a far parte. Sia durante l'adolescenza che negli anni dell'università avevo infatti attraversato molti momenti difficili, ricordavo chiaramente di periodi in cui non avevo voglia di alzarmi né di studiare, eppure ero sempre riuscita a rimettere insieme i pezzi. Credo che il non subire ingerenze e pressioni mi permettesse ogni volta di ritrovare l'equilibrio necessario per andare avanti. C'erano senz'altro delle cause organiche, gli ormoni e gli scompensi chimici, ma non riuscivo a togliermi dalla testa che se non mi fossi sposata, se non avessi avuto figli, avrei continuato a barcamenarmi fra alti e bassi per tutta la vita, senza mai crollare del tutto. Se sul lavoro avessi ascoltato piú la mia stanchezza della mia ambizione, e molti altri se. Ero senz'altro portatrice di un cocktail genetico che, con ogni probabilità, non ha aiutato. Ma non hanno aiutato neppure gli eventi. Mi domando quando la smetterò di tormentarmi.

Nel salone dei miei suoceri c'erano due vasi di Sèvres, identici, posti ai lati di un mobile stile impero. Quando sedevamo sul divano per prendere il caffè dopo uno dei soliti, interminabili pranzi, non riuscivo a fare a meno di ammirarli. Non erano tanto il colore pastello, i profili dorati lungo le linee sinuose del corpo principale e del coperchio a pia-

cermi, o la manifattura nota per essere una delle piú pregia-
te a livello europeo, quanto la prospettiva che, un domani,
sarebbero potuti diventare due urne in grado di contenere
le rispettive ceneri dei miei suoceri. Mi sentivo braccata. I
loro continui inviti, la domenica e i compleanni e gli onomastici e il giorno di Pasqua e di Natale, mi esasperavano.
C'era sempre qualcosa da festeggiare. E io non capivo cosa. Arrivai a contare che, essendo la famiglia d'origine composta da cinque membri, già solo i cinque compleanni piú
i cinque onomastici erano dieci occasioni di festeggiamen-
to, e se a questi si aggiungevano le feste comandate e qualche altra ricorrenza c'era almeno un pranzo per ogni mese
dell'anno. Davvero troppo per me. Quando cominciavo a
non stare bene, mi sentivo terribilmente in colpa per questi pensieri, mi sentivo cattiva e ingrata. Adesso, invece,
semplicemente accetto di averli.

Come ho già scritto, molte responsabilità sono state attri-
buite a mia madre, al suo essere troppo accomodante nei miei
confronti. La madre-zerbino mi aveva viziata, assecondan-
domi in tutto, e la libertà e l'assenza di regole di cui avevo
beneficiato a un certo punto mi si erano ritorte contro. Oppure quella povera disgraziata, che come tutti ha commesso
e commette errori, sin dall'inizio ha compreso la mia natura
difficile e ha quindi cercato di non remarmi contro, di non
crearmi piú problemi di quanti non ne avessi in partenza. I
genitori di Riccardo, famiglia vecchio stampo, diametralmen-
te opposta a quella da cui provenivo in termini di abitudini
e valori, si aspettavano che io mi adattassi al loro modo di
vivere, erano ciechi e sordi, non c'era spazio per il mio malessere, e questo ha contribuito al crollo.

Ma la cosa peggiore è non poterne parlare.
Non solo ti è successa una cosa terribile, ma devi anche
nasconderla come qualcosa di vergognoso. Un po' come succede col cancro, ma molto peggio. Ci sono persone che hanno difficoltà ad ammettere anche quello, credo per la ragione

che la malattia è sempre una condizione di debolezza: ci mostra scoperti e inadempienti agli occhi del mondo. Conosco persone che hanno negato la propria malattia anche di fronte all'evidenza, rendendosi ridicole, magari, o sprecando energie preziose. Si sono chiuse in casa durante la chemio e hanno aspettato che i capelli ricrescessero per poi portare avanti la commedia. Essere malati è sempre difficile. La compassione negli occhi di chi ti guarda, l'impossibilità di rispondere «bene» quando ti chiedono come stai. Se col cancro il tabú comincia a venire infranto – non è piú *un brutto male* ma riconquista il proprio nome, i vip che ne sono colpiti lo ammettono pubblicamente e scrivono libri in cui parlano della propria esperienza – col disagio mentale è ancora poco frequente. Qualcuno racconta di *periodi bui* e momenti di depressione in seguito a una perdita, ma si tratta quasi sempre di episodi isolati, come una fase di cui si possano riconoscere un inizio e una fine. Ebbene, non funziona cosí. La mia esperienza m'insegna che la malattia mentale è fortemente invalidante. Si manifesta compromettendo la tua vita lavorativa e le tue relazioni sociali, distrugge l'immagine che avevi di te stesso. Ti cambia.

Molto piú dei danni fisici, e piú del senso di colpa che ha comportato, credo che la principale conseguenza del mio gesto sia quella di aver distrutto la mia affidabilità. O almeno lo credevo. Ho dovuto lottare per anni col mio senso di colpa, e non è mai una vittoria definitiva. I giudici piú severi siamo noi stessi, a volte. Sebbene io non sia mai stata ricoverata in un reparto psichiatrico, durante la mia degenza in ospedale e in clinica venivo costantemente monitorata da psichiatri e psicoterapeuti che, accanto alla ripresa fisica, erano lí per darmi supporto. Anche una volta fuori, col mio terapeuta abbiamo lavorato sulla sensazione di stigma che non mi abbandonava e che ero io stessa a infliggermi. Mi sentivo in difetto, ed ero certa che anche gli altri mi percepissero cosí. Le volte in cui qualche amichetta di Greta si trovava a casa nostra per il pomeriggio o la notte in occasione di un pigiama party, non potevo fare a meno di chiedermi se i genitori, e in particolare la madre, me l'avrebbero lasciata comunque sapendo quanto avevo fatto. Poco tempo dopo aver pubblicato il mio primo romanzo, in cui parlavo di disturbi psichici sebbene non me li attribuissi in maniera esplicita, invitammo alcuni amici a cena. Era gente molto brava a nascondere i problemi e a negarne l'esistenza, o l'insieme delle due cose. Una delle invitate disse davanti a tutti che non l'avrebbe stupita se io, da un giorno all'altro, avessi preso e mollato tutto, un po' come i mariti che «escono per comprare le sigarette» e poi spariscono nel nulla. Era una battuta, eppure mi ferí.

Nel suo libro *Città sola*, Olivia Laing affronta, fra le altre cose, il concetto di stigma e le sue conseguenze sulle persone. Per farlo trae spunto da un altro testo: *Stigma. L'identità negata* di Erving Goffman. Il termine, di origine greca, sta a indicare un sistema di «segni fisici associati agli aspetti insoliti e criticabili della condizione morale della persona». Si tratta di un marchio a fuoco di cui è difficile liberarsi e che renderebbe chi ne è portatore una persona «contaminata», «difettosa». Quello della stigmatizzazione e dei suoi (devastanti) effetti è un discorso che Olivia Laing porta avanti traendo spunto dal modo in cui erano percepiti e segregati i malati di AIDS nella New York dei primi anni Novanta. In particolare, scrive: «Come se non bastasse la tragedia di ammalarsi, [...] di sopportare il dolore e l'invalidità, senza dover anche diventare letteralmente un intoccabile». Un paradosso che sembrava riguardare anche me: barricata dietro un muro di silenzio nel momento in cui ero piú vulnerabile.

«Ma tacere sulle cose che ci sono accadute non è un po' come tradire se stessi, o quantomeno tradire quella parte di sé che le ha sperimentate?» chiede Rachel Cusk in *Resoconto*. Mi ci è voluto un po' di tempo, per capire che in effetti è cosí. E che bisogna scegliere, se mettere a tacere il tutto, ingoiarlo sperando che non riemerga piú, *che non ti scoprano*, oppure fartene portavoce.

Dovremmo cominciare a fare *coming out*, senza curarci troppo delle reazioni altrui. Non ne potevo piú di nascondermi, di temere di urtare la suscettibilità del mio interlocutore ogniqualvolta si affrontavano discorsi legati al disturbo che tanto condiziona il mio modo di vivere.

Quando l'idea di questo libro cominciò a concretizzarsi, un'amica che lavora nell'editoria mi consigliò caldamente di preservarmi, di non darmi in pasto al pubblico e di giocare sull'equivoco, magari, salvaguardando cosí la mia immagine e la mia privacy. Me lo ripeté piú e piú volte, roteando gli occhi dietro la spessa montatura dei suoi occhiali. E in quel momento ho capito. Mentre cercavo di spiegarle il motivo per cui era cosí importante per me non nascondere quanto mi era successo esponendomi in prima persona, compresi che questo libro non era solo il racconto di una cosa terribile che mi era successa, ma anche un gesto politico, almeno nelle intenzioni. C'entrava qualcosa che aveva a che fare col concetto di *pride*, lo stesso sentimento di appartenenza e rivendicazione che fa scendere in piazza la comunità LGBT per dire finalmente, dopo secoli di vergogna e silenzio: IO SONO COSÍ. Purtroppo non esistono manifestazioni di questo tipo per chi ha disturbi psichici, i pazienti psichiatrici difficilmente solidarizzano gli uni con gli altri: quando si incontrano in sala d'aspetto per discrezione abbassano entrambi lo sguardo.

Cosí, invece di saltare con loro su un carro a urlare NON CHIEDERÒ SCUSA!, ho scritto questo libro.

Naturalmente temo l'impatto che tutto questo potrà avere sulla mia vita. Se c'è una cosa che non vorrei, è che fosse Greta a farne le spese. Se c'è una cosa che mi angoscia, è che qualcuno possa dirle, un giorno, con cattiveria, con superficialità: Tua madre è pazza. Ma qualcosa mi fa pensare che tentare di nasconderlo, a tutti e in particolar modo a lei, possa aumentare le possibilità che questo accada.

Non posso fare a meno di chiedermi cosa ne sarebbe stato di me se fossi nata un secolo prima. Probabilmente mi avrebbero internata da qualche parte e avrebbero buttato via la chiave, non lo so. Non posso fare a meno di chiedermi molte cose. Ad esempio se una madre pazza, una madre svitata, sia preferibile al non avere nessuna madre. Qui i miei studi mi vengono in aiuto, con quel simpaticone di Donald Winnicott, lo psicoanalista inglese cui si deve la definizione di «madre sufficientemente buona» anche se imperfetta. Una madre che, pur avendo «molte buone ragioni per detestare il figlio», resta in grado di rispondere ai suoi bisogni. Mi consolo cosí.

Quando manifestavo l'intenzione di scrivere quello che diventerà questo libro a persone vicine o addetti ai lavori, per prima cosa mi chiedevano se fossi certa di quello che facevo, e se non preferissi usare uno pseudonimo. Le ragioni che mi hanno spinta a espormi, a uscire allo scoperto, mettendo in piazza un fatto privato e le sue conseguenze, sono diverse. Come detto all'inizio, ho sentito una sorta di «dovere» nei confronti di quanti hanno dovuto misurarsi con un'esperienza analoga, perché la mia testimonianza avrebbe potuto aiutarli. Ma prima ancora di questo, la mia scelta è legata a una convinzione che lo scrittore americano Denis Johnson ha espresso molto bene in un'intervista rilasciata alcuni anni prima di morire:

> [All'epoca] pensavo fosse importante nascondere che non ci sto con la testa. E poi sono cresciuto e cinque anni dopo ho pensato: che differenza fa? Le persone che incontro lo capiscono dopo pochi secondi. Non ci si può nascondere. Nessuno può nascondersi per sempre. Alla fine saremo sempre smascherati.

Cosí come non volevo restare un'estranea per le persone piú vicine, l'opinione degli altri, degli estranei, ha acquistato sempre meno importanza ai miei occhi. Non ho voluto fare della mia vita una farsa. E me ne assumo la responsabilità. Quando quest'ultima mi sembrava troppo pesante, dicevo a me stessa che in ogni caso la verità, prima o poi, sarebbe venuta a galla.

E allora, tanto valeva che a raccontarla fossi io.

Guardare le cose da lontano, rivederle, attribuire loro un valore. Nel tirarle fuori, è come se le avessi allontanate da me. Ma non saranno mai lontane abbastanza. Per scrivere questo libro mi sono dovuta sottoporre a dei test e a un'intervista semistrutturata, necessari a formulare la diagnosi. Durante uno dei colloqui propedeutici alla stesura, ho dovuto parlare a lungo di quanto era successo, come pure della mia paura che possa accadere di nuovo, una probabilità con la quale sono costretta a convivere. Finché le cure funzionano, e la mia testa risponde, è facile porsi buoni propositi. Purtroppo, però, quando si sta male, male come sono stata io, non c'è ragionamento o prevenzione che tenga. Mi hanno chiesto che cosa farei se stessi male di nuovo. E la verità è che io non lo so, non posso saperlo. Spero che le persone a me vicine non si porranno scrupoli a ricoverarmi, questa volta. D'altronde, quando i nostri organi vitali si ammalano gravemente, o smettono di funzionare come dovrebbero, corriamo all'ospedale, e non vorrei che l'antipsichiatria ci abbia tratti in inganno fino a questo punto. Abolire i manicomi (luoghi di clausura, piú che di cura) e restituire i malati psichici alla società è un conto, privare questi ultimi delle cure di cui necessitano in nome della loro libertà, è un altro. Credo che i miei familiari abbiano cercato in tutti i modi di evitare il ricovero psichiatrico – che io ero la prima a invocare – per non consegnarmi a una realtà di cui avevano paura, per non etichettarmi, illudendosi che evitare il ricovero potesse trarmi in salvo dalla malattia psichiatrica stessa, di cui invece già soffrivo e che stava per costarmi la vita. Le cause precise non le conosceremo mai, né voi né io. Ma sono abbastanza sicura che non vadano demonizzati né i trattamenti farmacologici, in alcuni casi imprescindibili, né i reparti psichiatrici, con tutte le loro carenze.

Scrivere è un mestiere solitario. Non che questo mi dispiaccia, ma in alcune giornate preferisco non restare in casa a lavorare. La biblioteca piú vicina, a pochi metri da dove abito, è quella dell'Istituto di cultura francese Grenoble. Si trova in un bellissimo palazzo di stile neorinascimentale, con grossi blocchi di tufo a vista e ampie finestre ad arco. A firmarne il progetto fu nel 1884 l'architetto di origini inglesi Lamont Young, un uomo singolare, all'epoca considerato eccentrico proprio per il suo gusto che si avvicinava al gotico e al medievale. Conoscevo solo il suo nome per via del piú appariscente Castello Aselmeyer, dove un tempo abitava la nonna di Riccardo, e durante uno dei miei pomeriggi in biblioteca andai a cercare piú notizie su di lui. Lamont Young era un visionario e, come spesso accade, un incompreso. Già all'inizio del secolo scorso aveva presentato un progetto per la realizzazione di una linea metropolitana a Napoli – sessant'anni prima che questa venisse realizzata – nonché di un suggestivo «rione Venezia» che avrebbe dovuto collegare attraverso canali e ponti il borgo di Santa Lucia con la zona di Bagnoli. Tutto questo non venne mai realizzato, e le sue uniche idee a vedere la luce furono alcuni progetti di palazzi e residenze signorili rese possibili da committenze private. Amareggiato, prima si ritirò a vivere sull'isolotto della Gaiola a Posillipo, in seguito sul monte Echia a Pizzofalcone, dove costruí una sinistra villa intitolata a sua moglie Ebe. Proprio qui, nel 1929 Lamont Young morí sparandosi un colpo di pistola alla tempia, e ancora oggi si racconta che il suo spirito aleggi sulla splendida terrazza che dà sul mare, mentre la villa neogotica, dopo i bombardamenti della Seconda guerra mondiale, un incendio e la cessione degli eredi dell'architetto al Comune di Napoli, è in stato di abbandono.

Dico a me stessa che dovrò smetterla, prima o poi, di circondarmi di storie di suicidi o aspiranti tali, ma è come se siano queste a venirmi a cercare. Gli eventi dimostrano che un modo per andare avanti in fin dei conti l'ho trovato, anche se non saprei dire con esattezza quale sia. Mentre ero ricoverata, un'amica di famiglia mi inviò una lettera in cui ripeteva di non scoraggiarmi. Credo sia stato quello che ho fatto. Come scrivevo in uno dei miei diari di ragazza: «Bisogna continuare con le cose che continuano, perché le cose continuano insieme a noi che continuiamo».

Poteva andare molto peggio. Quando cinquant'anni fa mio zio Luigi cominciò a manifestare i primi sintomi della sua malattia, la psichiatria era un territorio ben piú accidentato di quello che è oggi. Erano gli anni Settanta, la rivoluzione di Basaglia e la conseguente chiusura dei manicomi erano eventi di là da venire. I primi ricoveri devono essere stati molto traumatici, per lui: ne veniva fuori con vestiti che non gli appartenevano, provato dagli effetti collaterali di farmaci di gran lunga piú invasivi rispetto a quelli attuali.

Poteva andare anche molto meglio, però.

Se, come afferma il mio medico, rispetto ad allora la psichiatria e le cure hanno fatto immensi passi in avanti, spero che altri passi in avanti ci saranno in futuro, e che a una donna non vengano mai piú negate delle medicine che possano interferire col suo allattamento, ad esempio. Che la priorità sia la salute mentale della madre, e non l'allattamento al seno.

La bellezza non salverà il mondo, né ce lo renderà meno ostile. E tutto questo dolore non sarà utile, non servirà proprio a niente se non a farci soffrire.

I soldi non hanno fatto la felicità, ma hanno fatto la differenza. Sarei un'ipocrita nel non attribuire ai mezzi di cui ho potuto disporre un contributo significativo alla mia ripresa. Dal punto di vista fisico, ho potuto beneficiare di lunghi periodi di fisioterapia e sottopormi privatamente a un delicato intervento neurochirurgico per riacquistare parte della funzionalità del braccio. Ma i miei privilegi hanno giocato un ruolo determinante, credo, anche nel mio status di paziente psichiatrica. Ho potuto prendermi tutto il tempo di cui avevo bisogno per elaborare, lavorando poco o per niente, sulla base di come mi sentivo. Ho speso e continuerò a spendere molto, moltissimo in psicoterapia, come sostegno e guida al mio comportamento. Quando sono stata dimessa, non avrei certo potuto occuparmi della gestione della casa né della crescita di una bambina di neppure un anno d'età, e anche lí ho potuto contare su aiuti esterni che mi sollevavano dai compiti piú gravosi senza tuttavia farmi rinunciare ai miei ruoli.

Resta la sensazione di non farcela, sempre. Sento ancora il vuoto oltre le mie spalle. Il vuoto sotto di me. Nella mia testa le idee proliferano. I sentimenti assumono spesso un'intensità eccessiva: amo e odio alla follia, urlo vendetta, rido come una matta. Mi sento una nullità o, al contrario, sovrastimo le mie doti. E in ogni caso, ho un pessimo carattere. Le mie posizioni sono estreme, provocatorie, e non riesco a trattenermi dall'esprimerle. Da quel 26 di luglio, l'unico desiderio che riesco a formulare, soffiando sulle candeline dei miei anni, lanciando una moneta nell'acqua, è che non mi accada piú.

L'egoismo di cui mi si accusa è in larga parte funzionale, una strategia che mi aiuta ad andare avanti, mentre muovo i miei passi su un terreno sconnesso e farraginoso.

Anche adesso, in questo preciso istante, mentre scrivo, potrei crollare davanti ai vostri occhi. Sono andata avanti, sí, ma vivo sull'orlo di un precipizio. S'intitola *Orlo* l'ultima poesia che Sylvia Plath compose prima di infilare la testa nel forno.

Ho proceduto a tentoni, procedo ancora. Sperando a ogni passo, di non cadere piú.

Mia adorata Greta,

desidero avvertirti: probabilmente ti diranno o penserai delle cose orribili, di me, di cui molte senz'altro vere, ma tutte no. Non avrei mai potuto scrivere questo libro senza prima chiarire a me stessa che una volta cresciuta avrei voluto tu conoscessi la verità. Lo dico perché questo non è stato scontato, e molti avrebbero preferito tacere, lasciandoti nel territorio del dubbio.

Per quanto doloroso, è purtroppo ciò che a tua madre è successo, ed esserne al corrente potrà forse rappresentare per te una difesa dalle domande e dalle chiacchiere. Dalla cattiveria. Dal rancore.

Ti diranno che tua madre è pazza, un'egoista, tu stessa avrai una moltitudine di cose di cui accusarmi, e a ragione.

Ma ecco quello che non dovrai mai pensare:

che io non ti abbia amata,

o di avere una qualche responsabilità,

o ancora che possa capitarti qualcosa di simile.

Perché ogni persona ha la sua storia.

Desidero ringraziare

Raffaele Alberto Ventura e Francesco Guglieri, che hanno creduto in questo progetto sin dalle sue battute iniziali incoraggian-
done la pubblicazione.

La mia famiglia che ancora una volta mi supporta (e sopporta)
sostenendomi in questa folle impresa. Il mio amatissimo Figaro.

La dottoressa Anna Maria Pace, la dottoressa Sara Patriarca, il
Dipartimento di Psichiatria della Campania Luigi Vanvitelli, il mio
dottore Giuseppe Piegari per la pazienza e per la fiducia.

Le persone con cui mi sono confrontata durante la stesura, e
che hanno accolto dubbi e perplessità: in particolare Violetta Bellocchio, Laura Cammarota, Andrea Canobbio, Rosaria Ciancio,
Riccardo Maria Folinea, Arianna Letizia, Clara Mazzoleni, Francesco P., Andrea Pomella, Pier Luigi Razzano, Alessandra Sarchi.
Svegliami a mezzanotte è anche il frutto di questi scambi.

Quanti continueranno a trattarmi come hanno sempre fatto, nel
bene e nel male, anche dopo aver letto questo libro, risparmiando-
mi frasi di circostanza e occhi compassionevoli.

Infine, tutte le letture qui citate, che mi hanno aiutata a capire
e ad accettare, i personaggi e gli autori con cui mi sono identifica-
ta, e con i quali ho potuto, per un attimo, condividere il mio peso.

Nota bibliografica

Simone de Beauvoir, *Una morte dolcissima*, traduzione di C. Lusignoli, Einaudi, Torino 2015.

Nadia Busato, *Non sarò mai la brava moglie di nessuno*, Sem, Milano 2018.

Byung-Chul Han, *La società della stanchezza*, traduzione di F. Buongiorno, Nottetempo, Milano 2012.

Truman Capote, *Preghiere esaudite*, traduzione di E. Capriolo, Garzanti, Milano 1987.

Alessandra Carpegna, *Io non pensavo di scrivere*, in P. Levi, *Opere complete*, vol. III, *Conversazioni, interviste, dichiarazioni*, Einaudi, Torino 2019.

Candida Carrino, *Luride, agitate, criminali. Un secolo di internamento femminile (1850-1950)*, Carocci, Roma 2018.

Piero Cipriano, *La fabbrica della cura mentale. Diario di uno psichiatra riluttante*, Elèuthera, Milano 2013.

- *La società dei devianti*, Elèuthera, Milano 2016.

Irene Cosul Cuffaro, *Marco Cappato: «Eutanasia? La legge italiana non prevede l'umanità»*, in «Linkiesta», 26 ottobre 2018, https://www.linkiesta.it/it/article/2018/10/26/cappato-dj-fabo-eutanasia-sentenza-testamento-biologico/39886/.

Rachel Cusk, *Resoconto*, traduzione di A. Nadotti, Einaudi, Torino 2018.

Danilo Di Diodoro, *C'è un «bipolarismo» che non piace a nessuno*, in «Corriere della Sera - Corriere Salute», 25 marzo 2018.

Joan Didion, *Blue nights*, traduzione di D. Vezzoli, il Saggiatore, Milano 2012.

- *L'anno del pensiero magico*, traduzione di V. Mantovani, il Saggiatore, Milano 2008.

Fëdor Dostoevskij, *La mite*, traduzione di P. Parnisari, Feltrinelli, Milano 2013.

DSM-5 Casi clinici, a cura di J. W. Barnhill; edizione italiana a cura di M. Clerici e F. Madeddu, Raffaello Cortina, Milano 2014.

DSM-5 Manuale diagnostico e statistico dei disturbi mentali, a cura di American Psychiatric Association; edizione italiana a cura di M. Biondi, Raffaello Cortina, Milano 2014.

Émile Durkheim, *Il suicidio. Studio di sociologia*, traduzione di R. Scramaglia, Rizzoli, Milano 2014.

Jeffrey Eugenides, *La trama del matrimonio*, traduzione di K. Bagnoli, Mondadori, Milano 2012.

Mark Fisher, *Buono a nulla (Good for nothing)*, traduzione di A. Fumagalli e C. Morini, in «Effimera. Critica e Sovversione del presente», 16 gennaio 2017, http://effimera.org/buono-nulla-good-for-nothing-mark-fisher/.

- *Realismo capitalista*, traduzione di V. Mattioli, Nero, Roma 2018.

Gustave Flaubert, *La signora Bovary*, traduzione di N. Ginzburg, Einaudi, Torino 2015.

Ellen Forney, *Marbles. Mania, depressione, Michelangelo e me*, traduzione di M. Beltramini, BD, Milano 2012.

Jonathan Franzen, *Più lontano ancora*, traduzione di S. Pareschi, Einaudi, Torino 2014.

Sigmund Freud, *Al di là del principio di piacere*, in *Opere di Sigmund Freud*, vol. IX, Bollati Boringhieri, Torino 2000.

– *Il disagio della civiltà*, in *Opere di Sigmund Freud*, vol. X, Bollati Boringhieri, Torino 2000.

Alicia Giménez-Bartlett, *Exit*, traduzione di M. Nicola, Sellerio, Palermo 2012.

Johann Wolfgang von Goethe, *I dolori del giovane Werther*, a cura di P. Capriolo, Feltrinelli, Milano 2015.

Erving Goffman, *Stigma. L'identità negata*, traduzione di R. Giammanco, ombre corte, Verona 2003.

Ivan Gončarov, *Oblomov*, traduzione di E. Lo Gatto, Einaudi, Torino 2017.

Massimo Gramellini, *Fai bei sogni*, Longanesi, Milano 2012.

Karen Green, *Il ramo spezzato*, traduzione di M. Testa, Baldini+Castoldi, Milano 2018.

Gary Greenberg, *Storia segreta del male oscuro*, traduzione di S. Sullam, Bollati Boringhieri, Torino 2014.

Peter Handke, *Infelicità senza desideri*, traduzione di B. Bianchi, Garzanti, Milano 1976.

James Hillman, *Il suicidio e l'anima*, traduzione di A. Bottini, Adelphi, Milano 2010.

Nick Hornby, *Non buttiamoci giù*, traduzione di M. Bocchiola, Guanda, Milano 2017.

Michel Houellebecq, *La carta e il territorio*, traduzione di F. Ascari, Bompiani, Milano 2010.

How to seduce someone on a date, in «The School of Life», https://www.youtube.com/watch?v=v9OdeEzon_o.

Ted Hughes, *Lettere di compleanno*, traduzione di A. Ravano, Mondadori, Milano 1999.

Istat, *La salute mentale nelle varie fasi della vita. Report*, 26 luglio 2018, https://www.istat.it/it/files/2018/07/Report_Salute_mentale.pdf.

Kay Redfield Jamison, *Una mente inquieta*, traduzione di E. Campominosi, Longanesi, Milano 1997.

Jerome Kagan, *La trama della vita*, traduzione di D. M. Restani, Bollati Boringhieri, Torino 2011.

Eric Kandel, James H. Schwartz e Thomas Jessell, *Principi di neuroscienze*, edizione italiana a cura di V. Perri e G. Spidalieri, Casa editrice Ambrosiana, Milano 1994.

Sarah Kane, *4.48 psychosis*, Methuen, London 2000.

Susanna Kaysen, *La ragazza interrotta*, traduzione collettiva della Setl, Tea, Milano 2017.

Chris Kraus, *I love Dick*, traduzione di M. Nadotti, Neri Pozza, Vicenza 2017.

Olivia Laing, *Città sola*, traduzione di F. Mastruzzo, il Saggiatore, Milano 2018.

Meyer Levin, *Compulsion*, traduzione di G. Pannofino, Adelphi, Milano 2017.

Vittorio Lingiardi, *Diagnosi e destino*, Einaudi, Torino 2018.

Tiziana Lo Porto, *Mary per sempre. Intervista a Mary Gaitskill*, in «minima&moralia» (già in «D-La Repubblica delle Donne»), 25 giugno 2012, http://www.minimaetmoralia.it/wp/mary-per-sempre/#respond.

Sarah Manguso, *Il salto. Elegia per un amico*, traduzione di G. Guerzoni, NN, Milano 2017.

Anna Marchitelli, *Tredici canti (12+1)*, Neri Pozza, Vicenza 2018.

Ian McEwan, *L'amore fatale*, traduzione di S. Basso, Einaudi, Torino 1997.

Heather McGowan, *Duchessa del nulla*, traduzione di M. Bertoli, Nutrimenti, Roma 2009.

Herman Melville, *Bartleby lo scrivano*, a cura di G. Celati, Feltrinelli, Milano 2015.

MMPI-2 Minnesota Multiphasic personality inventory 2, a cura di James N. Butcher, John R. Graham e W. Grant Dahlstrom; edizione italiana a cura di P. Sirigatti e S. Sirigatti, Giunti O. S., Firenze 2008.

Franca Ongaro Basaglia, *Introduzione*, in Aa.Vv., *Inventario di una psichiatria*, catalogo della mostra, Electa, Milano 1981.

Organizzazione mondiale della sanità/World Health Organization e International Association for Suicide Prevention, *Preventing Suicide: A Resource for Media Professionals*, Who-Document Production Services, Geneva 2008.

Amos Oz, *Una storia di amore e di tenebra*, traduzione di E. Loewenthal, Feltrinelli, Milano 2015.

Connie Palmen, *Tu l'hai detto*, traduzione di C. Cozzi e C. Di Palermo, Iperborea, Milano 2018.

Isabella Pedicini, *Francesca Woodman, gli anni romani tra pelle e pellicola*, Contrasto, Roma 2012.

Sylvia Plath, *La campana di vetro*, traduzione di A. Bottini e A. Ravano, Mondadori, Milano 1992.

– *Lady Lazarus e altre poesie*, a cura di G. Giudici, Mondadori, Milano 1976.

– *Tre donne. Poema a tre voci*, traduzione di N. Pedretti, Raffaelli, Rimini 2013.

Antonio Polito, *Riprendiamoci i nostri figli. La solitudine dei padri e la generazione senza eredità*, Marsilio, Venezia 2017.

Ermanno Rea, *Mistero napoletano*, Feltrinelli, Milano 1995.

Massimo Recalcati, *La notte del Getsemani*, Einaudi, Torino 2019.

Philip Roth, *Pastorale americana*, traduzione di V. Mantovani, Einaudi, Torino 1998.

– *Patrimonio. Una storia vera*, traduzione di V. Mantovani, Einaudi, Torino 2007.

J. D. Salinger, *Un giorno ideale per i pescibanana*, in Id., *Nove racconti*, traduzione di C. Fruttero, Einaudi, Torino 2014.

Sandra Sassaroli, *Il Disturbo Narcisistico di Personalità. Intervista al Prof. Vittorio Lingiardi*, in «State of Mind», 21 maggio 2012, https://www.stateofmind.it/2012/05/disturbo-narcisistico-intervista-lingiardi/ (1ª ed. 14 marzo 2011).

Alberto Savinio, *Nuova enciclopedia*, Adelphi, Milano 1977.

Arthur Schnitzler, *La signorina Else*, traduzione di R. Colorni, Adelphi, Milano 1988.

Marguerite Sechehaye, *Diario di una schizofrenica*, traduzione di C. Bellingardi, Giunti, Firenze 2006.

Susan Sontag, *Malattia come metafora. Il cancro e la sua mitologia*, traduzione di E. Capriolo, Einaudi, Torino 1979.

Janet Steen, *Lying Down in the Dirt: An Interview with Denis Johnson*, in «Longreads», febbraio 2018, https://longreads.com/2018/02/28/lying-down-in-the-dirt-an-interview-with-denis-johnson/ (trad. it. parziale in http://biancamano2.einaudi.it/telescopio-22/).

William C. Styron, *Un'oscurità trasparente*, traduzione di R. Venturi, Mondadori, Milano 2016.

Lev Tolstoj, *Anna Karenina*, traduzione di C. Zonghetti, Einaudi, Torino 2017.

Miriam Toews, *I miei piccoli dispiaceri*, traduzione di M. Balmelli, Marcos y Marcos, Milano 2015.

David Foster Wallace, *Infinite Jest*, traduzione di E. Nesi, Einaudi, Torino 2006.

Donald Winnicott, *Sviluppo affettivo e ambiente*, traduzione di A. Bencini Bariatti, Armando, Roma 1970.

Louis Wolfson, *Mia madre, musicista, è morta di malattia maligna a mezzanotte, tra martedí e mercoledí, nella metà di maggio mille977, nel mortifero Memorial di Manhattan*, traduzione di F. Montrasi, Einaudi, Torino 2013.

Virginia Woolf, *Sulla malattia*, a cura di N. Gardini, Bollati Boringhieri, Torino 2006.

– *Voltando pagina. Saggi 1904-1941*, a cura di L. Rampello, il Saggiatore, Milano 2017.

Indice

*Stampato per conto della Casa editrice Einaudi
presso ELCOGRAF S.p.A. - Stabilimento di Cles (Tn)
nel mese di ottobre 2019*

C.L. 24261

Ristampa

0   1   2   3   4   5   6

Anno

2019   2020   2021   2022